阅读丰富人生

【中国金融博物馆书院 编著】

首都经济贸易大学出版社

Capital University of Economics and Business Press

·北　京·

"知识爆炸时代里最难的是你选什么样的书读，这个我想你得有几个圈子，比如所有人的书都出来，摆在书架上你挑哪个，这个比较麻烦。我们有几个读书的圈子，大家会互相推荐。比如我看了十本书，我认为只有三本书可以推荐，我把三本书告诉别人，那七本书等于我替他们读过了，告诉他们这七本不用读了。其他人也同样，读的十本书告诉了我三本，我也省掉了看那几本书。如果你有了读书的圈子，你很快会读到更好的书。**"**

任志强

"大概每个季度我们都会给自己的会员推荐一部分书，大都是从一些优秀的出版机构和书店的排行榜中挑选出来的。我们会参照这些排行榜，再参照我们会员的阅读偏好加以推荐。推荐这本书，是由于我们很多会员都非常了解和喜欢吴思先生原创的'潜规则'等理论，它们现在已经成了我们生活中常用的词汇。"

衣锡群

CONTENTS
目录

CONTENTS
目录

权利篇

CONTENTS
目录

历史篇

3

CONTENTS

目录

艺术篇

CONTENTS
目录

金钱篇

金融的逻辑

作　者：陈志武
出版社：国际文化出版公司
出版年：2009年
定　价：39.80元

内容提要

　　继畅销书《为什么中国人勤劳而不富有》之后，陈志武在新作《金融的逻辑》中继续尖锐追问中国的出路问题。

　　本书深入浅出地从财富的文化和制度基因谈起，告诉读者：金融到底是怎么回事？危机之后，金融市场是否会终结？人类社会为什么要有金融市场？金融交易除了让华尔街、金融界赚钱之外，对社会到底有没有贡献、有没有创造价值？如果有的话，是如何贡献的？如何创造价值的？金融的逻辑是什么？

　　同时针对我国在转型中所面临的问题，陈先生也一一进行了解读，且全面驳斥了市场上流行的《货币战争》关于金融"阴谋论"的谬论，观点振聋发聩，再次起到了痛击时弊清迷局的效果。

　　陈志武教授是当下最具影响力的华人经济学家之一，获得过美国默顿·米勒研究奖、芝加哥期权交易所研究奖等多项重大学术奖励，2006年被《华尔街电讯》评为"中国十大最具影响力的经济学家"之一。

精彩书摘

　　由非人格化的金融市场代替儒家"孝道"体系之后，压在家庭、家族之上的经济交易功能会逐步从家庭、家族剥离，信贷、保险、投资功能都可由金融市场取代，这就是为什么我说，金融市场正在把中国家庭从利益交换中解放出来，让家庭的功能重点定义在情感交流、精神世界上，家应该是情感的天地，是精神上的安身立命处，而不是利益交换场。金融市场就是这样让中国文化走出儒家的刚性体系。从这个意义上，"五四运动"主张的"打倒孔家店"、解放个人，还必须有家庭之外金融市场的发达，否则，"孔家店"还无法被打倒。

推荐导师

　　为什么中国人现在钱多了，但是不一定幸福？这里面包含的原因当然很多，包括政治和每一个人的选择空间，还有就是约束非常多，到最后人们钱多了又能怎么样？当然我在《金融的逻辑》这本书里谈的话题更多的是想说，中国社会过去100多年，特别是过去30几年，实际上经历了非常大的生活方式的转型。从农村到城市，从封闭的社会到开放的社会，这些转型都很重要。实际上今天我们口袋里的现金，相当一部分只不过是把原来就有的财富从非货币的形式转变成货币的形式。以前我会说："我有很多的亲戚，有很多的人情，那些朋友网络我到哪里都用得上，到北京不用带钱可以找王巍，他会给我支持，实在不行到别的地方也可以找自己的大学同学，更不用说自己的亲戚了。"以前，亲情、血缘关系和社会的人情网络给我们提供了方方面面的保障，这些历来是中国人，或者任何社会人都非常重要的财富形式，只不过那些财富我们不把它作为一个绩效，但关键的时候这些没有被计价的财富实际上也可以在非金钱与金钱间转换。但是在过去30年，随着市场化不断地深入发展，中国人的很多非货币财富都被货币化了。我们自己亲身的感受就是觉得现在日常生活里什么东西都需要钱，原来不需要交钱就可以得到的帮助，现在都必须通过市场化的交易才可以得到。假设我们口袋里有100万元，也许其中有30万元或者40万元原来就有，只不过原来不是以货币的形式表示出来的。

——耶鲁大学终身教授陈志武

4

市场的逻辑

作　者：张维迎
出版社：上海人民出版社
出版年：2010年
定　价：45.00元

内容提要

　　市场经济是人类最伟大的创造，是人类进步最好的游戏规则！

　　什么是市场？市场就是好坏由别人说了算、不由你自己说了算的制度。

　　市场的基本逻辑是：如果一个人想得到幸福，他（或她）必须首先使别人幸福。市场的这一逻辑把个人对财富和幸福的追求转化为创造社会财富和推动社会进步的动力。

　　这就是张维迎先生对市场和市场经济的高度评价。

　　本书收录了作者16篇重量级文章，分为解读市场经济、思考改革过程、理解金融危机、把脉未来发展四个篇章，能使读者更好地理解市场经济，坚定对中国市场化改革的信心。

利润来自不确定性。这个观点指出，如果市场是确定的，你能从消费者那里获得的所有收入，都将化为社会的机会成本。此时，你的产品价格等于成本之和，没有利润可言。

有商业经验的人都知道，所有人都认为赚钱的事，最后一定不赚钱；多数人看不明白、少数人看明白的事，那才是赚钱的。要赚钱，就得承担风险，承担不确定性的后果。这跟我上面讲的不矛盾。如果没有不确定性，所有收入都会转化为成本，最后没有利润。由于有不确定性，所以成本和收入之间就产生了差异，可能营利，也可能亏损。但是平均而言，有一些人判断能力要高于常人，所以他们还是有利可图。

利润的第二个来源是创新，这是经济学家熊彼特提出的观点。创新在商业上不是指发明，而是指用同样的资源，比别人创造出更高的价值；或者，你为了创造同样的价值，你比别人花费更少的资源。如果你能做到这一点，你就能赚钱。在竞争的市场上，你怎么能够比别人更赚钱？答案很简单：给定一个成本，要赚钱，你的销售收入要比别人做得高；或者反过来，给定一个销售收入，你的成本要比别人低。别的企业10个人做的东西，你用8个人做出来，你就赚钱了。这就是创新。

利润的第三个源泉，我认为很重要，就是企业对市场秩序的维护。我们经常讲品牌的力量，好多企业都在做品牌。品牌为什么有价值？因为品牌给你提供了消费者的信任。消费者愿意多花钱，买信得过的产品。他不需要讨价还价，节省了交易成本，其中的一部分就归厂家所有，成为品牌溢价。品牌溢价就来自它对市场秩序的维护。

总结起来，利润的源泉就在这三个方面：你有没有能力应对不确定性；你有没有能力创新；你是不是比别人更值得信任。如果这三个你都做得很好，那么你就有利润。

推荐导师

跟许知远越接触，越让我想到我研究的市场和金融好像没那么令人激动。《市场的逻辑》非常值得一读。但对我的影响比较大的还是胡适的作品，当然有很多不同的文集，有时候我想"五四"前后那么多的知识分子，除了胡适以外，好像没有几个真正在当时背景下，对于私有产权和市场作为自由社会基础这方面的认识和讨论能够超过胡适的讨论。当然他也做了官，也做了学者，也做了很多别的事情，这个人本身的生活是非常丰富多彩的。特别是在那个时候，在整个中国社会都是强调忘我、强调集体的大背景之下，他能够说出来"真实的为我是最好的为人，真的利己是最好的为他"。在当时的中国社会，这种言论、这种陈述受到欢迎与受到诅咒和批评的程度是可想而知的。

——耶鲁大学终身教授陈志武

从优秀到卓越

作　者：（美）吉姆·柯林斯

出版社：中信出版社

出版年：2001年

定　价：39.00元

内容简介

这是一本很奇葩的商业畅销书。

这本书可以算得上是史上最卖座的商业类图书之一，累计销量已经达到400万册。作者柯林斯和他的研究小组用了5年的时间，收集了多家知名企业在过去50年的经营情况，描绘了一幅优秀公司向卓越公司跨越的宏伟蓝图。柯林斯还在书中提出了一整套观点，并且表示"只要采纳并认真贯彻，几乎所有的公司都能极大改善自己的经营状况，甚至可能成为卓越的公司"。

不幸的是，在10年之后的经济危机大潮中，柯林斯所赞扬的这些卓越的公司几乎全部破产，命运最好的也就是被美国政府接管。柯林斯的理论被完全击溃了，他的脸被打得呼呼响。这一事实告诉我们两点：第一，那些看起来很卓越的公司其实也没什么了不起的；第二，那些看起来很牛的畅销书商业作家其实也就是在扯淡。

合并和收购在推动从优秀到卓越的跨越中并没有起到任何作用；两个平庸的公司，即使规模都很大也不可能变成一个卓越的公司。

实现跨越的公司不刻意创造转变、激励员工或是营造公司上下一致的气氛。在适当条件下，一切诸如责任感、一致性、动机、变革的问题都会迎刃而解。

实现跨越的公司在发生质变时，没有任何名称、标志、事件或计划以表明其变化。实际上，一些公司甚至表示，在当时并未意识到发生了巨大的飞跃，只是事后反思时，才清醒地认识到这一转变。它们的确实现了革命性的跨越，但并非通过革命性的过程才取得这样的结果。

总的来说，实现跨越的公司从事的并非是景气行业，有些甚至是处境很糟的行业。在这些卓越的公司中，我们还没遇到一个公司是因为碰巧在火箭发射时坐在火箭的头部而取得成功的。卓越并非环境的产物，在很大程度上，它是一种慎重决策的结果。

推荐导师

我这一次看了一本书——《从优秀到卓越》。那本书讲的是公司发展到一定阶段，你感觉这时候要补点课，以前MBA学的知识不够了，你想获得点实用的东西，看看到底别的公司怎么做的、怎么突破瓶颈，我就选了《从优秀到卓越》这本书，对我有帮助。不过在变化特别快的时代里，你要从书里得到很多启发、启示和知识还是不够的，还要靠朋友的圈子。

——红杉资本创始及执行合伙人沈南鹏

微观经济学

作　者：（美）保罗·萨缪尔森

出版社：人民邮电出版社

出版年：2012年

定　价：48.00元

内容简介

　　保罗·萨缪尔森，是当代经济学泰斗。他是美国第一个诺贝尔经济学奖得主，也是美国总统约翰·肯尼迪的经济顾问，还是麻省理工学院经济学研究生部的创始人。对他的一生，美联社作了如下总结：他将数学分析方法引入经济学，帮助经济困境中上台的肯尼迪政府制定了著名的"肯尼迪减税方案"，并且写出了一部被万千世人奉为经典的教科书《微观经济学》。

　　本书结构宏伟、篇幅巨大，分4编共18章，囊括了微观经济领域的理论和实践，包括微观经济学的基础知识，以及供给与需求、产品市场、要素市场、微观经济学的应用等，勾画出了一个完备的经济学认知框架。字里行间，三言两语，却每有深意。最新第19版为2010年修订的版本，无论在内容还是在形式上都已经近乎完美，而且融入了时代变革的元素和新的案例和数据。

精彩书摘

　　开卷之际你也许会问：为什么要学习经济学？事实上，人们往往会有各种各样的理由。一些人学经济学是为了赚钱；另一些人则出于某种担心：如果不懂供求规律，则势将成为现代的文盲。还有一些人是出于对某些问题有着强烈的兴趣，如计算机和信息革命如何改变我们的社会，或者美国近年的收入分配为何变得如此悬殊等。所有这些还有其他更多的理由当然都很好。

　　然而，我们已经开始认识到，一条最重要的理由应该是：在人的一生(从摇篮到坟墓)中，你永远都无法回避无情的经济学真理。作为一个选民，如果你不懂一点经济学，那么你的意见和建议就很有可能不得要领和令人费解。不学经济学，你也很难充分地理解和领悟当今国际贸易的进展以及互联网对世界经济的冲击，也很难权衡通货膨胀和失业之间的替代关系。

　　选择终身职业，也许是你一生中要做的一项最重大的决策。你的前途不仅取决于你的能力，而且还要取决于你所不能控制的经济力量对你的工资的影响。此外，经济学也许还可以帮助你将自己从收入中节省出来的储蓄转化为投资。诚然，学习经济学并不一定能让你变成一个天才；但不学经济学，命运却很可能会与你格格不入。

　　我是读经济学专业的，经济学专业的书籍太多了，就不作推荐了。书院说你推荐点你平时读的书，我就推荐了这本《微观经济学》。萨缪尔森的这本书是很多非专业人士了解经济学的入门书，微观经济学也是基本的经济学研究方法，如果你要读点经济学，从方法论开始可能是最好的。

中国银行首席经济学家曹远征

公司的力量

作　者：《公司的力量》节目组
出版社：山西教育出版社
出版年：2010年
定　价：59.80元

内容简介

今天，公司的力量已渗透到人们工作和生活的方方面面。

一个不争的事实是：随着全球化的日渐加速，数百家乃至数十家跨国公司正左右着世界的经济运行。在经济全球化的过程中，公司充当了国家征服世界的先锋。公司力量的变化，是世界性大国崛起与衰落的风向标。

而公司的领导者也变得越来越举足轻重，从历史上看，企业家至少和政治领袖同样重要。那些伟大的企业家们，曾经让欧洲变得强大、让美国变得强大，如今也正在让中国变得强大，他们是和政治领袖一样重要的人物。

人们担心的是，未来公司的影响将会越来越大，以至于最终有一天，公司会收购国家。

面对这样的情况，人们不得不重新思考：公司到底是什么？对于国家的发展、社会的进步和个人的幸福，公司究竟意味着什么？公司的惊人力量源自哪里、有无边界？未来的公司将会如何影响未来的世界？

精彩书摘

公司改变了公众的思维和生活习惯。经济学家熊彼特曾经说过一句话："光是制造出令人满意的肥皂还不够，还必须诱导大家洗澡。"没有公司，工业革命和技术革命也会黯然失色；没有组织良好的公司，人们就无法获得大多数的商品和服务，也就不会有一个现代化的社会。

公司还是社会稳定的重要基石之一。公司为人们提供了国家、政府、民族、宗教和家族之外的一个全新的信仰和效忠的对象。在现代社会中，公司提供了大多数的就业岗位，公司和员工之间形成了一种以共同经济利益为纽带的相对稳定的契约关系，这种关系对于维持社会稳定具有不可替代的作用。这方面，日本的情况尤为明显。日本大企业多数实行终身雇佣制度，宁可减薪也不裁员，企业被看成是全体工作人员的命运共同体。

公司与国家的命运息息相关。以美国为例，美洲大陆最早的殖民公司和它们的自治传统，不仅深深地影响了美国独立后的权力结构和经济模式，而且更重要的是公司带给他们勇于冒险、创新和自我奋斗的企业家精神。

推荐导师

白领时装有限公司董事长苗鸿冰

经济学与公共目标

作　者：（美）约翰·肯尼斯·加尔布雷思

出版社：华夏出版社

出版年：2010年

定　价：45.00元

内容简介

约翰·肯尼斯·加尔布雷思是美国著名的经济学家，也是历史上拥有读者最多的经济学家之一，被誉为"美国的经济医生"。

加尔布雷思一生著述甚丰，这本《经济学与公共目标》是其最重要的理论代表作。

在《经济学与公共目标》中，加尔布雷思着重评价了亚当·斯密、大卫·李嘉图、卡尔·马克思和梅纳德·凯恩斯的经济思想，解释了这些大名鼎鼎的经济学家的理论为什么能够兴盛一时，而今天又应该如何给予它们恰如其分的评价。

《经济学与公共目标》的前二十章，相当于是《丰裕社会》和《新工业国》的浓缩本；后面的十一章用来阐释加尔布雷思的"社会改革"理论和具体建议。作为一部系统反映加尔布雷思经济理论的著作，书中提出的对所谓"公共目标"问题的看法，以及对居于正统地位的新古典主义经济学模式的批判，在一定程度上揭露了某些西方发达国家的主要社会问题、经济问题和环境问题的本质，以及现代凯恩斯主义经济学理论的谬误。

精彩书摘

乍看上去，经济体系的目标似乎相当明显，而且通常的看法也是如此。它的目标就是提供人们所需要的产品和服务。经济体系可以生产食物，对食物进行加工、包装和分配，它还要负责制造布匹和服装，建造房屋，为房屋添置相关设备，要提供教育和医疗服务，建立法律和各种规章制度，部署公共防御，没有这样一种经济体系，人们的生活将会变得异常困难。这就是经济体系的功能。最好的经济体系，必然能够最大限度地满足人们的多种需求。

尽管各种教科书对此观点十分推崇而且大谈特谈，但它未免有些简单化了。在过去的一个世纪里，数不清的经济任务，都是由一些经济组织——工业企业、电力系统、航空公司、商业连锁机构、银行、电视网络、政府官僚机构——完成的。其中有些组织的规模十分庞大，几乎很少有人怀疑，它们拥有非同寻常的权力，也就是说，它们能够控制个人和政府的活动。大多数人都会认同这样的事实：它们之所以要对个人和政府的活动进行控制，完全是为了实现它们自身的目标，也就是要实现企业成员或企业所有者本人的目标。或许是出于某种不可思议的巧合，或许是出于一种别有用心的设计，从表面上看，这些目标通常都与公共目标相一致。如果没有这种巧合或设计，这样的目标就只是经济组织本身的目标，而不是它们所服务的公众的目标，这一点不足为奇。

推荐导师

　　加尔布雷思是美国经济学家，他20世纪70年代写的这本书。他做过肯尼迪总统的顾问，也曾被选为美国经济学会的会长。但是他写的这本书在某种程度上恰恰可以说是反主流经济学的一本书。

　　他说，新古典经济学认为市场竞争能够实现资源的最优配置，因为大家都处在这样一个竞争环境中，常态就是一个完全竞争状态，谁也不能决定价格，只能通过供求关系最后形成一个均衡的价值，这是最理想的状态。尽管新古典经济学也承认存在垄断，但它毕竟把垄断当作个别现象看待。但是加尔布雷思说美国经济中存在两个系统，一个是市场系统，一个是计划系统。市场系统，就是那些成千上万的中小企业，它们确实处在完全竞争的状态，它们不能决定价格，利润是有限的。但是另外有几百家大公司，这些大公司形成了另外一个系统，加尔布雷思将其叫作计划系统。实际上这些大公司主要是私人企业，但是他说实际上在这两个系统之间的分配是不平等的。这些大公司组成的系统的收入、拥有的资源远远高于另外一个系统，而且这个系统行为的目标不一定符合公众的目标。此外他还提到，权力和垄断型企业之间往往会发生互相串联，会互相勾结，拿我们今天的话来说就是权钱交易。权钱交易发生在什么领域？实际上主要发生在那些具有垄断性的行业。

　　但是他也认为不能因此否定政府的作用。市场不能自发地实现公共目标的时候怎么办？还是要靠政府。他说政府可能起负面的作用，也可能起正面的作用。比如说政府可以保护竞争，保护中小企业，压缩那些垄断部门的权力范围，这是政府可以做到的。政府还可以给公众提供公共服务，把基础设施搞好，把医疗搞好，把教育搞好，把社会保障搞好。他说什么叫社会主义？这就是社会主义。

他说在美国很多人都怕谈社会主义，但是社会主义没什么可怕的，北欧、西欧都有社会主义，他们的公共服务都比美国做得好。他说的社会主义，不是我们过去理解的计划经济，这里的社会主义就是公民的权利，符合公众目标的、符合公众最大利益的这样一种社会结构。

中国改革基金会国民经济研究所副所长王小鲁

财富的帝国

作　者：（美）约翰·S.戈登

出版社：中信出版社

出版年：2007年

定　价：42.00元

内容简介

这是一个关于美国为财富而生、为财富而战、为财富而生生不息的伟大故事。

和很多帝国故事一样，财富帝国的故事是一部史诗，是一部讲述成功与灾难、勇猛与怯懦、新观念与旧偏见、伟世英才与愚钝之辈的史诗。但最为重要的，它是一部由数百万美国人书写的历史，他们克己守法，不断追求着个人利益，阐释着自由的精神。积跬步至千里，汇小流成江海。美利坚财富帝国的历史正是这一个个人人传说的集聚。

约翰·S.戈登曾许诺要宏图大展，要留下传世的"资本三部曲"供后人景仰。其前两部巨作《伟大的博弈》和《资本的冒险》恪守专业史的操守，而本作在写法上更加自由灵活，但却更准确地展现了美国发达的奥秘和玄机。

　　美国虽然只有全世界6%的领土和6%的人口，但是它的国内生产总值就占了全世界近30%的份额，是其他任何一个国家的3倍还要多。从采矿到电信等各个经济领域，从人均农业产值到年图书发行量再到获得诺贝尔奖的人数（超过总获奖者人数的42%），美国几乎在领跑全球方方面面的事务。

　　美国经济不仅是全世界最强大的，更是充满活力和富有创新性的。20世纪当之无愧地成为科学技术发展史上最重要的100年。这个世纪重大的科技成果不是源于美国，就是主要在美国实现产业化进而转化成各类消费品的。牛仔裤、好莱坞电影、可口可乐、摇滚乐、SUV汽车和电脑聊天室等美国文化的代表风靡全球。新技术在全球各地传播的同时也无可避免地带去了美国的行为方式和美式世界观。

　　美国的军事实力固然强大，然而它最强大之处不是军事实力，而是它的财力，以及财富在人口中的广泛分配、创造更大财富的能力和能给出种种高效利用财富新途径的好似无穷的想象力。

　　正像以往世界的罗马化进程一样，如果说当今世界正在高速地美国化，不是因为我们拥有武器，而是因为其他国家想得到我们所拥有的一切，并且愿意甚至是渴望着用我们的方式来得到它们。近几十年来民主和资本主义制度的传播很大程度是以美国的情况为参照。势不可当的传播势头是一种和平而又广受欢迎的征服过程。虽然这个过程有时并不被精英阶层欢迎——那是因为他们眼看自己的权利在一点一点变少——但是至少受到了大众的欢迎。这次的征服活动比以往所有的都更微妙、更积极、更广泛而且很可能也更持久。

因此，美国是一个财富帝国，一个拥有经济辉煌的帝国，一个有着众多理念和制度来助其辉煌的帝国。回望历史，正如很多成功的例子一样，有人把美国经济的成功看作是必然的、甚至是命中注定的结果。

推荐导师

泰康人寿董事长兼CEO陈东升

权力与市场

作　者：（美）穆雷·罗斯巴德
出版社：新星出版社
出版年：2007年
定　价：29.00元

内容简介

　　《权力与市场》是美国当代杰出思想家穆雷·罗斯巴德的代表作，在西方出版时曾因为某些原因被下了"禁令"，出人意料的是它却顺利地在我国出版上市了。

　　罗斯巴德是当代奥地利学派经济学或者新奥地利学派经济学的代表人物之一，他秉承奥地利学派对政府控制和干预的一贯警惕。通过本作，他对政府干预市场的各种具体形态进行了细致的归类、分析和批判，对反对自由市场的种种伦理论点提出了反驳，指出政府的控制和干预必然会损害正义。

　　在罗斯巴德看来，市场体系本身就是巧夺天工、完美无缺的既成之物。在这里以遵守平等自然的原则进行市场交换，更是一派安宁祥和的景象，而政府的加入，不但搅乱了正常的市场秩序，更损害了每个人的合法利益。最终正是这样的言行，导致了他的这本著作被欧洲主流思想市场封杀。

精彩书摘

　　人们常说，"资本主义解决了生产问题"，现在国家必须干预以"解决分配问题"。真是再也不容易找到比这更荒谬的说法了。因为，除非大家都生活在伊甸园，"生产问题"是永远不可能解决的。进一步说，自由市场上也根本不存在所谓的"分配问题"。在自由市场上，一个人之所以获得了货币性资产，仅仅因为他人购买了自己及自己的先人的服务。分配过程是不能脱离市场中的生产和交换而独立存在的；因此，单独的"分配"概念本身就完全没有意义。因为自由市场过程将使市场的所有参与者受益，增进社会效用，由此可直接推论说，自由市场的"分配"结果——收入和财产的结构——也增加了社会效用，事实上在任何时刻都使得社会效用最大化。如果政府把彼得的钱拿走给保罗，就创造出了一个与生产不相干的分配过程和分配"问题"。在这种情况下，收入和财富就不再出自市场上所提供的服务；现在，它们源于国家的强制所创造出来的特权。此时，财富分配给"剥削者"，"被剥削者"则承担代价。

　　关键的问题在于，资源扭曲的程度、国家抢夺生产者的程度，是与经济体中税收水平、政府开支相对于私人收入和财富水平的比例直接相关的。我们分析的重点——不同于其他许多关于这个问题的讨论——在于，迄今为止，税收最重要的影响与其说源于税种，不如说源于税收总额。税收总水平，也就是政府部门的收入相对于私人部门收入的比重，才是应当着重考察的问题。

文献过多地关注了税收种类的重要性——到底是所得税(累进的或比例的)、营业税还是消费税，等等。这些问题尽管也是重要的，但却低于税收总水平的重要价值。

推荐导师

知名经济学家张维迎

资本的秘密

作　者：（秘鲁）赫尔南多·德·索托

出版社：华夏出版社

出版年：2012年

定　价：29.00元

内容简介

为什么资本主义经济模式在西方（比如美国、西欧甚至日本）都取得了极大的成就，而它在很多发展中国家却停滞不前？

发展中国家面对资本市场，就像隔着一层透明玻璃，怎么都进不去，这是为什么？

很多经济学家甚至社会学家都思考过这样一个问题，但却找不到答案。

而德·索托，这位世界上最具号召力的改革家，在《资本的秘密》中一语道破真相，因为多数发展中国家没有建立起把资产转换成为资本的机制，所以他们缺乏资本。德·索托指出，资本是一整套的经济动作模式，可以从五个角度来阐释其的运作规律，这就是"资本的五大秘密"。

所有权并非只是书本上的东西，而是掌握和储存推动市场经济运行所需的大多数因素的中间媒介。它通过建立责任制度，使资产可以互换，追踪交易，奠定了整个所有权制度的基础，为货币和银行系统及投资部门提供了开展工作所需的全部运行机制。

一套完善的合法所有权制度是一种媒介，使我们能够互相理解、建立联系、综合关于资产的认知，来提高我们的生产力。正是我们从康德的《纯粹理性批判》一书中得到的要点之一：我们对现实的认识是不完全的，因为我们局限于只有可怜的五种感觉来体验现实。因此，我们必须要找到表述现实的方法，使我们能够超越感觉的局限性。这正是精心设计的所有权表述的目的。所有权表述使我们能够查明资源的经济潜能，增强我们处理这些表述的能力；所有权表述不是"纯粹的书面性东西"，而是一种调节机制，方便我们认识有用的事物，而我们的感觉在乍逢之下却不能清楚地发觉。

所有权揭示隐藏在我们所积累的资产中的资本的能力来源于人类控制环境、取得繁荣的智力传统。几千年来，最聪明的人士一直在告诉我们：生命有不同程度的现实性，大多数是肉眼看不见的；我们只有通过建立表述机制才能掌握。

《资本的秘密》是一个秘鲁人写的。这本书非常好，分析了资本的秘密是什么，以及人类经过几百上千年的发展怎样将资产变成资本。土地现在的状态不是资本，它只是资产，所以它就不能创造财富，一旦变成资本就创造了财富。美国独立战争之后，联邦政府的认识是怎么把土地划归个人，才有了美国后来的高速发展。我在想无论你读什么书，始终应该保持一颗自由的心。

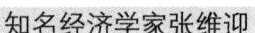知名经济学家张维迎

国富论

作　者：（英）亚当·斯密
出版社：上海三联书店
出版年：2009年
定　价：59.00元

内容简介

《国富论》是影响世界历史进程的10部书之一，也是影响人类社会化进程的100部经典之一。

本书经过5年写作、3年修改，于1776年正式与读者见面，全世界的学术界都曾赫然为之惊动。当时正值资本主义发展初期，该书及时地总结了近代初期各国资本主义发展的经验，批判地吸收了当时的重要经济理论，提出了一套系统全面的经济学说。从作为国富基础的劳动，到提高劳动生产率的分工，再到分工带来的交换，交换带来的媒介——货币，再到商品的价格，以及构成价格的基本要素——工资、地租和利润，书中都有详细精辟的论述。该书反对政府干涉商业和自由市场，提倡降低关税和自由贸易，奠定了资本主义自由经济的理论基础，至今在世界上仍有着广泛的影响。

亚当·斯密也凭借本书奠定了自己经济学主要创立者的地位，在历史杰出人物的凌烟阁上抢到了一把金交椅。

不同的人所具有的天赋才能的差异在实际上比我们所想象的要小得多；成年人从事不同的职业所表现出来的非常不同的才能，在许多场合，与其说是劳动分工的原因，不如说是劳动分工的结果。最不相同的人物之间的差异，例如一个哲学家和一个普通的街头搬运夫之间的差异，似乎不是由于天赋，而是由于习惯、风俗和教育所产生的。当他们来到这个世界上，在六岁或八岁之前，他们或许非常相像，他们的父母或游戏伙伴看不出他们有什么显著的不同。大约在那个年龄，或随后不久，他们开始从事非常不同的职业。于是，才能的不同开始被注意到，并且逐渐扩大，直到最后，哲学家的虚荣心就不肯承认有任何的相似之处。但是如果没有互通有无、以物易物、彼此交换的倾向，每一个人就必须为自己备办自己需要的每一种必需品和便利品。每一个人都有相同的责任要履行，都有相同的工作要做，那就不可能有什么职业上的不同，也就不可能有任何重大的才能上的差异。

推荐导师

亚当·斯密讲市场规模越大，人类发展越快，我们人不能靠彼此的情感维持交易。现在市场是陌生人之间的交易，这瓶矿泉水谁生产的我不知道，但是我要喝它，这就是我讲的产权制度的重要性、企业制度的重要性。由于有了产权制度，喝这个矿泉水出了问题我就找它的麻烦，在一个企业名字下所有人是承担连带责任，这些东西都是非常重要的。《国富论》尽管有一些观点不一定对，但过去两百年的观点就是国富论思想。

——知名经济学家张维迎

农业与工业化

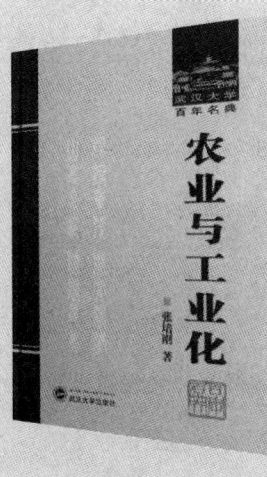

作　者：张培刚
出版社：武汉大学出版社
出版年：2013年
定　价：60.00元

内容简介

　　《农业与工业化》是一本伟大的经济学著作，标志着影响后世半个世纪的发展经济学的创立。但是很少有人知道，这本书的作者是中国人张培刚。它是张培刚在60多年前所写的博士论文，他凭借这篇文章获得了哈佛大学1946—1947年度大卫·威尔士奖。这一奖项被称为"小诺贝尔奖"。同年与他一起获奖的哈佛同学是日后的古典经济学大师萨缪尔森。后来，美国经济学家刘易斯将这篇文章中的四点理论扩充成五点理论，就顺利拿下了诺贝尔经济学奖。

　　遗憾的是，由于这样那样的原因，张培刚先生在国内一直没有得到重用。直到改革开放后，国人远渡重洋到西方学习发展经济学时，世界银行学者钱纳里告诉中国人："发展经济学的创始人是你们中国人——张培刚。"至此，耄耋老矣的张先生才得到了公众关注的眼光，而《农业与工业化》这部在西方被一再出版的英文著作才有了它的中文版本。

但是我们对于以需要情形为中心的古典派或传统经济学的学说，却有几点意见。第一，他们忽略了收入的影响。在工业化继续进行中，人民的收入将要升到较高的水准。凡是需要弹性较大的产品，在扩张经济中必将有较大的利益。据此，工业制造品较之农产品，一般均有较大的利益。第二，他们对于供给弹性和生产调整的弹性没有加以考虑。我们要认清，国内生产的弹性愈大，则输出国外的收益亦愈大。就这点而言，工业制造品一般也是处于比较有利的地位。此种相对有利的情况，不仅发生于扩张经济中，而且即使在萧条时期也是一样。因此在变动的经济里，农产品比起工业品来总是处于比较不利的地位，这一点几乎完全为古典派的著作所忽视。最后，大多数古典派的学说都假定着充分就业，并假定没有技术改良。但是我们必须指出，技术改良成果的采用，相对地减少了一国对他国输出品的成本，贸易条件可能因此而发生变动。古典派的学说忽略了这一方面，因而不能适用于发生周期变动和长期变动的经济社会。

推荐导师

中国银行业协会首席经济学家巴曙松

美学的经济

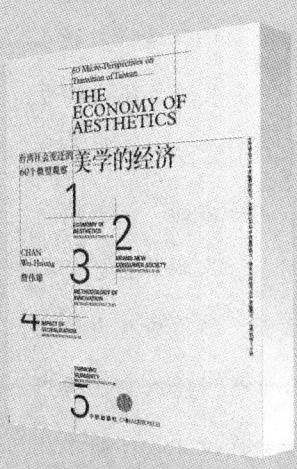

作　者：詹伟雄

出版社：中信出版社

出版年：2012年

定　价：45.00元

内容简介

白色iPod为何热卖？郭台铭与尼采有什么关系？如何理解美学和风格的经济价值？什么是全球城市？设计为何是21世纪国家的国力指标？

中国台湾的经济、企业、工作者，正面对众多的关键选择——如何由制造业经济，进化到知识经济或创意经济？如何由专精代工，过渡到附加价值更高的品牌或设计？

《美学的经济》这本小书，不是财经论文，而是财经散文，它无法提供标准答案，但它有60个不同的思考方法、新鲜的观察角度、跨国采访经验的冲击，帮助你面对变迁的中国台湾与自己的人生之时，能激荡出更多的想象力。

人类社会的经济，大致上可以分为四种：脚的经济、手的经济、脑的经济和心的经济。

脑的经济的典型，就是工业化。脑的经济是锱铢必较，追求商品或劳务效用的最佳化。但"心的经济"在乎的是现代消费者、生产者进行经济行动时的意义。现代人在日常生活中进行这种"心的消费"的同时，也建构了"自我"。一方面，借着消费的商品，区分了自己和他人的不同（或相同），证明着自己是一个有个性的、独一无二的行动主体；另一方面，通过检视自己消费过的商品，他可以反思这个"自我"的合宜性，修改自己接下来的生产、消费行为，使自己随时与变动社会保持亦步亦趋、相对恒定的本体安全感。

就市场潜能而言，脑的经济是有限的。"效用"被满足后，需求萎缩了。但"心的经济"是无限的，人类"理想自我"的图像是可以被各种文本创造、繁衍的，"意义"可以被文化地镶嵌进各种新遭遇、新传记、新的美学悸动经验中。

现代女性买鞋，凭借的不是效用的"最大化"，而是"理想的自我"的意义采买，每一双鞋，都反映着她在试穿时，反复左右端详的刹那，心中浮现的那个"美好的自我"，鞋子上的各种符号、配件、质感、纹理、形态，呼应着卖场的空间、音乐、空气、灯光，与买家当时的情绪状态，共同构成了那双鞋的消费身世。

《美学的经济》，这本书我没有花太多时间看，不完全代表我的阅读兴趣，这是京城企业协会推荐给大家的，但詹伟雄这位台湾作家我以前就知道。我多次去台湾，台湾人问我你到我们台北、台中有什么感受？我说我感觉城市可以分为两种，还有城市完全不适合步行，尺度大得了不得，而且有很多的细节。台湾很多城市是充满了细节的，让你留步，仔细地感受、观察，可能很破败、残破，有时候残破提供的历史信息会更多一点。尤其是台中这个地方，我去台北的次数比较多，我有两度去台中，我有时候骑着一辆自行车在这个城市里细细地品味。台湾是给我们提供了太多感悟的地方，我想这本书也会增加你这样一个认识。

中国金融博物馆书院学术委员会主席衣锡群

灰色收入与发展陷阱

作　者：王小鲁
出版社：中信出版社
出版年：2012年
定　价：48.00元

内容简介

收入分配改革是我国当前和未来改革的重中之重，这已是社会各界的共识。当蛋糕做大到一定程度之后，如何切蛋糕将成为最重要的课题，这不仅关系到蛋糕能不能继续做大，而且还关系到整个社会的和谐和稳定。

这本《灰色收入与发展陷阱》将经济学家王小鲁多年来在这方面的相关文字首次结集，通过对中国收入差距的变动趋势和真实收入状况的数据挖掘，对中国国民收入真实数据和差距，及其产生的原因进行了深入的思考与分析。

王小鲁一直认为多年来导致我国社会收入分配差距过大的主要原因不在于市场化，而在于制度不健全所导致的腐败和灰色收入使收入分配扭曲，进而造成了社会的两极分化。而要想根本解决收入分配失衡问题有赖于推进体制改革，建立一个公开、透明、有严格管理制度和受社会公众监督的政府管理体制和财税体制，建设一个法制社会。

精彩书摘

公共管理改革的迫切性处处可见。又以税收体制为例，当前贫富差距扩大的一个原因在于目前的所得税征管体制存在漏洞，它保证了工薪阶层依法纳税，却没有能够建立确保高收入阶层依法纳税的完备体系，因而使得本来意义上的累进税在实行中变为累退税。加上税收征管中存在的徇私舞弊、不公正执法等行为，就造成了更大的问题。这说明现在的税收征管体系是亟待改进的。

再例如社会保障问题。中国经济改革研究基金会国民经济研究所2005年的一个调查显示，目前基本医疗保险和养老保险体系的受益人，主要是中等和中等以上收入的城市居民。城市低收入居民则无论按数额而言还是按医药支出的比例而言，从社保中的受益都非常有限。这主要是因为低收入居民大部分在非正规部门就业或者失业，他们自己和所就业的单位都常常无力负担社保缴费。因此国家财政对社保体系的相应补贴，也主要补给了中、高收入居民，其结果是进一步扩大了收入差距。如何使社保体系给穷人提供更多的保障，起到缩小收入差距的作用，这是我们面临的挑战。这又涉及公共管理的问题。

中国金融博物馆书院学术委员会主席衣锡群

花旗帝国

作　者：（美）莫尼卡·兰利
出版社：中信出版社
出版年：2005年
定　价：38.00元

内容简介

桑迪·韦尔，这个曾经不可一世的华尔街巨头，在他58岁这年面临着巨大的屈辱和痛苦。

1985年6月25日，星期一，凌晨两点钟，他收拾好自己的东西，离开苦心经营22年的公司，带着沮丧和疲惫，被迫辞去美国运通公司"执委会董事会主席"的虚衔，开始了退休生活。

1985年6月26日，星期二，韦尔结束了为期一天的退休生活，再次回到了华尔街，从空白开始，再战江湖。业界对他的行径充满了敬意，将他的新公司称赞为"加生菜的腌牛肉"，都盘算着它能不能撑过一个月的时间。

万没想到的是，就是这个58岁的老家伙，在华尔街"正统"势力的排挤、蔑视中，从这一天开始，用了近20年的时间又为自己打造了更辉煌的事业——花旗帝国。

2003年，花旗集团总资产约2000亿美元，成为全球规模最大的金融集团，集团总裁桑迪·韦尔获选全美"2002年度最佳CEO"。

这本书不是传记，更像是一本传奇。

它不只是讲述一个人如何不屈不挠攀爬金融市场的最高峰，也把华尔街在20世纪90年代如何转变的过程忠实记录了下来，令人心醉神驰。

精彩书摘

如果过去不完美，就让它过去。我已经知道，有时是痛苦地知道，在商业上把太多事情想当然是一个大大的错误。有时管理人员需要完完全全地重新评估外在环境，才能保护他们的公司。当面临外部逆境时，避免墨守成规是至关重要的。对变化的抵制可以轻易毁坏一家公司的声誉。2000—2002年的熊市及其后继影响在我的脑中烙下了这一永久的教训。这次崩盘之前的许多年里，竞争压力迫使各家公司纷纷放松行业守则。市场的缓慢变化使得脆弱不堪的金融服务业轻易遭到放松管理带来的惩罚。

这场熊市最终导致了监管环境的变革，金融企业面临的规则几乎一夜之间发生了改变。花旗集团和我本人都陷入了后来艰难的监管调查，给我们带来了极大的压力和名誉损害。即便如此，我仍然较早作出决定，如果我们的公司抵制监管者，那将是愚蠢的。于是，我们选择大举改变花旗集团的经营方式，很快完成了横扫金融业的必要变革。这次经历让我明白，声誉风险管理的重要性毫不亚于任何其他传统商业风险的管理。

推荐导师

我到商业银行以后，读的第一本书叫《花旗帝国：金融奇才桑迪·韦尔传奇》，因为我很崇拜花旗银行的桑迪·韦尔，在他手里花旗银行真正成为一个花旗帝国，成为美国历史上一个混业经营的银行。而且花旗银行发展的过程中，有很多创新之举，包括第一个银行的ATM机。你的银行要想与别人不同就得创新，创新就是突破现有制度的障碍，就得大胆，就有风险。后来桑迪·韦尔在某一天，大约是2004年的时候，突然在北京的俱乐部要约我吃饭，我当时很受宠若惊。

我是他的粉丝，见到我的偶像我当然还是很高兴的，但是他突然提出要跟我搞联名卡。尽管我很崇拜他，尽管我是他的粉丝，但是我还是婉言拒绝了他的要求。当时很多人说："你应该受宠若惊呀！"一开始我内心激动不已，后来我冷静地一想，这个事不能做。你试想一下，假如我当初跟他合作有了联名卡，今天很多人会说，招行的信用卡是用花旗的。我觉得这件事不一定要跟他合作，那时候信用卡已经有70年的历史了，而且我在中国完全可以学习他，我觉得我们的人也很聪明，学习他是没有问题的。

通过对中国市场的了解，我现在有一个非常深刻的体会，在中国做银行，特别是做零售银行我觉得我们绝对不能输给外资银行，我们对中国本土市场、本土需求和本土文化，绝对比外国人理解得多。后来我们的信用卡成功了。

——招商银行原行长马蔚华

41

什么改变中国

作　者：张维迎

出版社：中信出版社

出版年：2012年

定　价：39.00元

内容简介

全球经济前景不明，中国改革受挫，我们该何去何从？谁能指点迷津？

张维迎的企业理论及有关产业改革的理论成果在国内外学术界、政府有关部门和企业界有着广泛的影响。

对中国未来经济发展的走向和前途，张维迎先生认为最终发挥决定性作用的无非两点：一是我们的理念，二是我们的领导力。实际上，改革头20年的巨大成就，就是理念战胜利益的结果。但是看看现在的情况，基本上是利益战胜理念。不客气地说，中国的未来即依赖于理念能否再次战胜利益，依赖于有理念、有担当的领导力！

本书传递的是张维迎先生对市场的理念，对企业家精神的理念，和对开放社会的理念。

学者的第一责任就是要探索真理，为社会贡献智慧。当我们谈到学者的社会责任时，是说你应该怎样通过你的研究成果来推动社会进步。从目前中国的状况来看，说的抽象一点，我觉得经济学者的责任应该是怎样使国家的经济、民族企业在国际市场上越来越有竞争力。我们在研究企业、指出企业问题的时候，应该本着建设性的态度，而不是把它搞垮。如果20年后，我们发现我们的很多本来很有希望做大做强走向世界的企业都垮了，而垮的原因中我们的经济学者起了一些不好的作用(当然学者的作用也未必这么大)，即使只是一点点的负作用，那我们学者都是要问心有愧的，因为我们没有尽到我们的社会责任。

我们必须看到，在当前的政治环境和舆论压力下，确实有不少本来很有希望的民营企业出于安全的考虑，已经或者正在考虑卖给外国企业。即使四大国有银行剥离出的资产，也由于操作者担心别人指责自己与民营企业有不正当交易，更倾向于卖给外国企业，即使售价更低。难道我们真的希望中国的经济完全由外国企业主导吗？

我还想特别强调，学者在履行自己的社会责任的时候，不应该被大众的情绪所左右，不应该去迎合某些大众的心理情绪，因为那样做是对社会、对国家很不负责的。一个学者的独立性，不只是指要独立于政府的意识形态、个别利益集团的利益，还包括你要独立于大众的情绪化的东西。这后一点更难做到，我们知道，历史上不少伟大的学者正是被公众舆论扼杀掉的。学者在讨论问题的时候，要保持平和的心态，而不应该哗众取宠。学者也不应该寻求学术以外的手段去解决学术问题，包括借助媒体、网络。真理是不能用投票的办法决定的，否则也就不需要学者了。一个学者如果只为了自己知名度的最大化，只为迎合大众的流行舆论而讲话，那他就已经丧失了学者的独立性，也丧失了基本的学术良知。这样的学者在西方学术界是被人所不齿的。而在我们这里，却常常被认为是有"良知"的学者，这是非常可悲的事情。

推荐导师

《什么改变中国：中国改革的全景和路径》是张维迎写的一本书，我认为他是市场派，这本书值得一读。

华泰保险集团股份有限公司董事长兼CEO王梓木

基业长青

作　者：（美）詹姆斯·柯林斯 /
　　　　（美）杰里·波勒斯
出版社：中信出版社
出版年：2006年
定　价：39.00元

内容简介

《基业长青》被《福布斯》评为20世纪20本最佳商业畅销书，盘踞亚马逊畅销书排行榜12年，畅销不衰，影响了一代中国企业家的管理理念。

《基业长青》记录了柯林斯和波勒斯在斯坦福大学为期6年的研究项目中，对18家卓越非凡、长盛不衰的公司所作的深入研究。这些公司包括通用电气、3M、默克、沃尔玛、惠普、迪士尼等，它们平均拥有近百年的历史。本书打破了旧有神话，提供了新颖的见解，向人们揭示了是什么使得这些公司不同于它们的竞争对手、它们到底拥有什么旁人所不具备的法宝，并为那些有志于建立经得起时间考验的伟大公司的企业家们提供了实际指导。

"世界上每一位CEO、经理人和企业家都应该阅读这本书。每一位公司董事、顾问、投资人、新闻记者、商学院学生也都应该阅读这本书。"

精彩书摘

　　我们认为，最为高瞻远瞩的公司能够持续不断提供优越的产品和服务，原因在于它们是杰出的组织，而不是因生产优越的产品和服务才成为伟大的组织。请记住：所有的产品、服务和伟大的构想，不论多么高瞻远瞩，终究会过时。但是，一家高瞻远瞩的公司却不见得会过时，只要公司在现有的产品生命周期之后有能力继续改变和演进，公司就不会过时。

　　同样，所有的领袖，不论多有魅力、多么高瞻远瞩，最后都会去世，但是，一家高瞻远瞩的公司却不见得会灰飞烟灭。只要这家公司具有组织的力量，超越任何一个领袖，年复一年，经过十代百代，都能继续保持高瞻远瞩和活力，公司就不会衰败。

推荐导师

　　很多年以前，大概在1999年、2000年我刚刚开始做阿里巴巴的时候，有一次莫名其妙有人给我推荐了这本书。到现在为止我都觉得这是一本好书，我看了三分之一，好书我是一下子不舍得看完的，《基业长青》前面讲价值观那部分——企业要有价值观——对我很受用。《基业长青》是一本好书，对我影响很大，我觉得在做企业方面它讲的很重要，就是使命感、价值观、领导者的培养。

阿里巴巴集团董事局主席马云

论经济学和经济学家

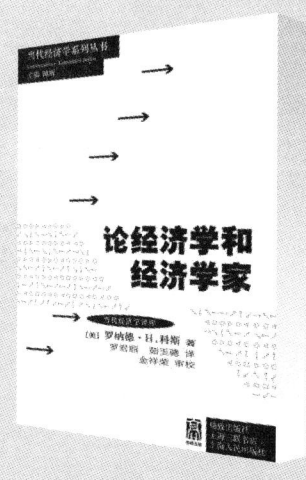

作　者：（美）罗纳德·H.科斯
出版社：格致出版社
　　　　上海三联书店
　　　　上海人民出版社
出版年：2010年
定　价：28.00元

内容简介

　　罗纳德·H.科斯，新制度经济学的鼻祖，1991年诺贝尔经济学奖的获得者，亦是当代最务实的经济学家之一。他的研究思路严谨却又不失实用，提出了诸多极具洞察力的说法和理念，他的观点也为中国的读者所称道。

　　2010年，为纪念科斯教授的百岁华诞，三联书店推出了《论经济学和经济学家》这本文集。书中汇集了科斯在多个年代与多种场合的演讲稿、随笔和对多位杰出经济学家的传记性评论，凝聚了科斯这位伟大经济学家对古典经济学以来主流经济学的演化、性质、方法、边界和政府管制等重大问题的看法，非常值得一读。

经济学家所研究的是一个存在于他们心目中的而不是现实中的经济体系，企业和市场似乎都有名无实。我曾把这种现象称之为"黑板经济学"。主流经济学理论中的企业曾经常被描述为一个"黑箱"，现在仍然如此。但是，现代经济体系中大多数资源的使用都是发生在企业内部，如何利用这些资源直接取决于行政决策而非市场运行，从而，经济体系的效率很大程度上取决于组织（尤其是现代公司）如何经营其业务。如果考虑到上述事实，经济学的研究现状就显得格外反常。如果考虑到经济学家的兴趣是定价系统，而他们竟在研究中忽略市场——或更专业地讲，是忽略了决定交易过程的制度安排，这就更让人奇怪。因为这些制度安排在很大程度上决定了生产什么，所以，我们现有的不包含这些制度安排的主流经济学理论就是很不完善的理论。

推荐导师

科斯是我非常喜欢的经济学家，差不多是最喜欢的经济学家，因为经验主义来源是苏格兰启蒙主义，任何学科不能从一套想象的东西出发，还是得从可感知的现象出发。罗纳德·科斯是英国人，他的研究是从扎扎实实的调查开始的。他最早作无线电电波调查，观察无线电电波怎么分配，他对这个问题的研究最后得了诺贝尔经济学奖。这种好的经济学家，你一旦觉得他的作品对你有启发，就会产生一个连锁的阅读效果。他读什么书？他怎么评价他前任的工作？这本书就是他的文集。他的东西很少。他得诺贝尔奖的时候，评奖委员会主要看的是两篇文章，1937年一篇，1960年一篇，再加上其他时期发表的文章，最重要的论文就是七八篇。因为他是《法学和经济学》杂志的主编，他大量的时间用来阅读，这本书是他阅读的评价。比如，在这本书里他讨论了亚当·斯密。亚当·斯密我们都很喜欢，他开创了马克思主义三个来源的组成部分——古典政治经济学。很多人似乎认为《国富论》是说人是自利的，其实《国富论》之前有一本《道德情操论》，它说人有利他之心。很多人认为这里有一个私密问题无法统一。你读了科斯的分析，他怎么评价所谓的私密问题？他认为是一致的：人的利他心，或者说人的同情心、善心是有的，但是它起的作用范围很小，只在家人、朋友、周围的圈子。等到人群大了，越来越远了，就不可能靠这个同情心和仁慈把一个社会组织起来。人群越大的社会，越要利用人的自利心，自利心就是要讲价钱，你给我什么，我给你什么，要有一套市场制度。他最后把这两个意见统一到一起，这是非常有启发的。你看看优秀的人，他能有所成就，他在阅读的理解上就会不同。这本书里面不光是评论亚当·斯密，还评论了很多经济学家，像马歇尔，以及之前很多人的工作，讨论了一些很重要的问题。这本书虽然不是正规的学术论著，但是是对这个学术传统的看法。这一类书我是蛮注意读的。

北京大学国家发展研究院教授周其仁

惠普之道

作　者：David Packard

出版社：Harpercdlins

出版年：2006年

内容简介

什么是惠普之道呢？

这是一个很难用三言两语就能回答的问题。

书中讲到1939年秋，戴维·帕卡德同比尔·休利特决定共同创业，他们在一个汽车房里创办了一家小公司，随后开始边上学边做买卖。一晃眼，小七十年过去了，今天这家汽车房已经变成了硅谷的诞生地，而这家小公司已经发展成为年营销额1043亿美元的惠普公司。

在美国，成功的公司固然很多，然而像惠普这样的公司却只有一个。这是因为从一开始比尔和戴维做事的方法就不同于流行的经营管理原则。在确定他们公司的宗旨时，戴维和比尔希望的不仅是利润、收入的增长或是新顾客源源不断而来；对他们来说，事业的成功还涉及很多方面，像是有意义的革新贡献、致力于社会公益事业、建立一支具有献身精神的职工队伍和不屈不挠的必胜意志。

正是在这样的理念引导下，惠普发展成为世界上最令人钦佩的技术公司，它的极为成功的经营管理方法也被称为"惠普之道"而闻名遐迩。

推荐导师

虽然惠普这个公司遇到过很多的挑战，但是这本惠普创始人写的书还是给了企业家很多启发。我做亚信和网通的时候，每年1月1日我都想重读这本书。有一点我想跟大家分享，一本好书一定要反复地读，这本书在公司管理和同事关系方面令我受益匪浅。这本书基本上谈了两个观点：第一，企业是什么？企业不是赚钱的机器，一个优秀伟大的企业是为了他的员工、为了他共同的同伴、创业者而努力的，这是一个命运相关的共同体。他谈到了非常多的惠普之道，例如他用这样的技术使一群优秀的人在一起，这一群优秀的人共同成为一个生命体，在他们俩管理惠普时期从来不裁掉任何一个人。第二，这本书也谈到了他们管理的具体方法。这本书对我的影响非常大，因为我以前也不知道怎么管理。

中国宽带资本基金董事长田溯宁

大而不倒

作　　者：（美）安德罗·罗斯·索尔金

出版社：中国人民大学出版社

出版年：2010年

定　　价：69.80元

内容简介

  《大而不倒》解密华尔街金融风暴背后的传奇故事，长踞亚马逊畅销书榜首，是全球政要和首席执行官争相阅读的金融巨作。

  2010年最厚重的金融史诗，对亲历金融危机的200多人长达500多个小时的真实访问，还原金融危机第一现场，完整再现美国政府救市之举。

  通过一幕幕生动的场景描述，本书向读者客观而详尽地展现了金融危机发生之后美国主要监管机构和投行的众生相。在这部作品中，你可以看到雷曼是如何一步步地自断生路，监管机构是如何在"政治正确"的牵绊下作出选择，各大投行又是如何在人人自危的环境下力求自保。

当一个强者跌倒或者一个实干家做得不够完美时，只会在一旁指手画脚的批评家，算不了什么。荣耀属于那个真正站到竞技场上的人，他的脸上满是灰尘和汗血，尽管一次次地失败，却仍然顽强地奋斗，因为世界上根本不存在没有失败和缺陷的成就。他明白热情和奉献的意义，并完全投身于有价值的事业中。最后，若是成功了，他能享受胜利的喜悦；就算失败了，至少他会因曾经全力以赴而无怨无悔。所以他永远不会与那些冷漠胆小、不知何谓成功和失败的灵魂为伍。

推荐导师

这一次组织者说让我选三本书，我后来选了三本。第一本，跟我这个投资行业比较有关系，但可以说是反面教材，或者你应该从中学到教训的，就是《大而不倒》。那是讲2008年整个金融危机过程中大的机构，尤其是美国大的投资银行背后的故事。我感觉很重要的一个教训就是，这些大佬们都是华尔街非常有经验的CEO，从我们一般的经验来看，他们对风险都有非常强的把控能力，经营大投行这么多年，掌管着上千亿的市值。以前我在华尔街工作的时候是一个小小的经理，看见大佬们在市场波动下从容掌控着公司特别佩服。但是你在书的后面看到什么？人性的弱点，不管他有多少经验，如果你控制不好，有时候可以被成倍地放大。《大而不倒》最大的教训是，像我们常说的一句话"实事求是"，这句话非常重要，对于做金融、做投资，包括做VC、做PE都很重要。做完一个企业就承担了一份风险。这个公司将来会不会赚钱？情况到底怎么样？人的本性里往往是比较乐观的，这在华尔街大佬身上看的很清楚。其实次贷危机在2007年下半年已经比较明显了，但是这些大佬们没有一个真正跑出来说"我要刹车了"，不敢，也不愿意证实这个事情。

此中原因我倒不觉得是贪婪。第一个，羊群效应，感觉别人都没有退出，对这个事情的判断就没有那么坏。第二个，大家总是对自己的资产质量和资产运营状况更加自信，这也是挺容易犯的错误。做投资时我们每年都要反省，有时候会问下面的人："这个公司到底怎么样？"最重要的数据或者事实就是公司财务报表。有时候大家说你不能光靠财务报表，但是财务报表确实说明问题。你要面对现实，客观理性地看问题，实事求是地分析一家自己投资的企业——尤其是自己身居董事会的企业——挺不容易。

红杉资本创始及执行合伙人沈南鹏

危机中人们往往表现的是一种本能。《大而不倒》的价值我最看重的正是此危机时期，这种情境之势、这种框架之势大家通过读书都可以知道。碰到了危机他第一个电话打给谁，怎么讲，谈话的口气，怎么跟政府和同业沟通。在《大而不倒》里，你可以看到大量在场的信息，这也是我为什么费那么大的劲做这件事情的原因。

——中国银行业协会首席经济学家巴曙松

伟大的博弈

作　者：（美）约翰·S.戈登

出版社：中信出版社

出版年：2011年

定　价：58.00元

内容简介

这是一本关于华尔街历史的书，也是一本关于美国金融史和经济史的书。它所描述的历史事件使我们清晰地看到，在很大程度上，华尔街推动了美国从一个原始而单一的经济体成长为一个强大而复杂的经济体。

这本书讲述的华尔街历史就是一部资本市场发展过程的活教材。在书中，读者将会读到华尔街充满魅力和睿智的历史故事。华尔街的历史演进过程中，出现过形形色色的人物，也经历过各种各样的曲折。但无论如何，在美国经济发展的每一个阶段中，以华尔街为代表的美国资本市场都始终扮演着重要的角色。华尔街为美国经济的发展提供源源不断的资金，实现社会资源的优化配置，而华尔街本身也伴随着美国经济的发展而成长为全球金融体系的中心。

约翰·S.戈登的这本书，一方面，足以佐证美国经济的成功是资本市场和实体经济之间协同发展的结果；另一方面，又提醒今天的资本市场的建设者他们所必然要面临的现实和困境，也能为今天的投资者们提供一些有益的参考和警示。

精彩书摘

我认为美国经济，包括资本市场取得了非凡的成就，最根本的原因在于：美国是一个自由的市场经济体。在这样一个经济体中，人们能够自由地谋求他们自己的利益。

美国相对其他国家来说更为成功的原因之一，还在于它是一个完全崭新的国家。美国的宪法只存在了200多年，对美国人来说这已经是很长的时间了。因此，在美国的建国之初，它有机会画最新的图画。正如马克思在《路易·波拿巴的雾月十八日》中有一句至理名言："人们自己创造自己的历史，但是他们并不是随心所欲地创造，并不是在他们自己选定的条件下创造，而是在直接碰到的、既定的、从过去承继下来的条件下创造。"美国这个国家没有什么历史，早期的美国人都是欧洲移民，他们中大部分是英国人的后裔。他们漂洋过海，横跨3000英里的大西洋——这在当时是一个非常艰苦的旅程，需要长达一个月的时间，有时甚至两个月。但这样一个漫长的旅途也使他们有机会在途中抛弃掉很多文化垃圾——传统文化的垃圾，而在新大陆开始一种完全不同的生活。

推荐导师

《伟大的博弈》这本书是祁斌翻译的，他是清华的校友，后来去了证监会。他能把这本书翻出来非常了不起，做官员那么忙，哪有时间做翻译。这本书翻出来以后在中国影响力很大，因为它很系统、很全景性地对美国200多年以纽约证券交易所为主线的金融史、资本市场作了一个梳理，多次再版。这本书我也经常拿出来翻一翻，哪个年代事情记不清楚就拿出来翻一翻。这本书后来还补了金融危机，最终写到2006年为止。

信中利国际控股有限公司董事长汪潮涌

诚信的背后

作　者：（美）弗兰克·帕特诺伊

出版社：当代中国出版社

出版年：2008年

定　价：38.00元

内容简介

诚信的背后，又名"摩根士丹利圈钱游戏黑幕"。

本书作者弗兰克·帕特诺伊以自己的亲身经历，记录了华尔街著名投资银行摩根士丹利，是怎样把自己这样一个耶鲁法学院的高才生，培养成一名商场上的狙击手。回忆当年自己坐着飞机头等舱，出入豪华酒店，与世界各国的大公司交易着由世界顶级数学家、物理学家设计出来的金融产品。无数自以为非常成功的企业家和企业职业经理们，在只理解了华尔街出产的金融产品的一些皮毛后，就将几十亿美金送进了摩根士丹利的口袋，许多美国著名公司都是这些利润背后的牺牲品。

当然，这本书说的那些内幕，摩根士丹利是不承认的，甚至一纸诉讼把作者告上了法庭，却没想到就此引发了新一轮的关注。

巴尔扎克说过，每一笔巨额财富的后面都有深重的罪恶。相信读罢这本书之后你会深以为然。

　　投资银行家是保守、有教养、慢性子的人，他们向公司高管提供加入乡村俱乐部的建议，口头禅是"这真是太有趣了"。经纪和交易员则是狡诈的野蛮人，他们出的主意无外乎如何欺骗上司和到哪里去找新的脱衣舞酒吧，口头禅是"去你妈的"。投资银行家吃水果，经纪和交易员吃肉。两个部门位于不同的楼层，而且每年只交谈一次——为年终奖金争吵的时候。这类关于奖金的争论，就和物质与反物质的争论一样势不两立。

　　和大多数衍生产品经纪一样，我也是个嗜赌成性的人。幸运的是，我并不需要选择。公司把衍生产品部定位在上述两项业务的"交叉点"，同时受益于投资银行家的业务网络和经纪人、交易员对待风险的专长。为了方便起见，衍生产品部位于4楼电梯旁的中心位置，就在巨大的债券交易厅旁边。

推荐导师

　　摩根士丹利有一帮人也是交易员出身的，做固定收益、债券交易的，这帮人离开以后写了一本严厉批评和挖苦摩根士丹利的书，书名听上去非常的骇人听闻——《华尔街的血水》（直译）（诚信的赘后，FIASCO），讲的就是摩根士丹利前任总裁怎样使公司形成一种赚快钱的文化，叫"刀子问题"。这本书可以看看。

　　　　　　　　　——信中利国际控股有限公司董事长汪潮涌

断层线

作　者：（美）拉古拉迈·拉詹

出版社：中信出版社

出版年：2011年

定　价：49.00元

内容简介

华尔街从来不缺著书立传者，尤其是在金融危机后，各种原因分析、漏洞指陈的书籍一打又一打，但是他们都无法和拉詹的《断层线》相提并论，因为拉詹是为数极少的几个在金融危机前就预言风暴即将来临的经济学家！

"厄运预言博士"拉古拉迈·拉詹最大的贡献就是他向世人挑明了一点——金融危机的始作俑者不是贪婪的银行家、沉睡的监管者、不负责任的借款人，而是"全球收入的不平衡"！金融崩溃的断层线就是滞涨的收入和不断攀升的物价之间的不平衡！

拉詹还警告世人：我们的经济中依然存在着严重的缺陷，如果这些缺陷不能得到修补，那么一场潜在的更具毁灭性的危机正在等着我们！

有意思的是，拉詹似乎对中国的经济状况独有偏爱，他在本书中多次提到中国的经济问题，直言"国富民穷"的经济态势已经成为阻碍中国经济再次腾飞的最大障碍。中国如果要重新平衡增长，政府就必须开始善待家庭。

精彩书摘

很多美国人"将政治自由定义为完全的平等，却将经济自由定义为拥有平等的机会去实现不平等的成就"，在高质量教育面前并非人人平等这一状况恰恰动摇了美国人心目中实现经济自由的根基，因为机会已不再平等。

如果美国人没有机会让收入水平提高到更高的层次，他们就很难对未来保持乐观并对其他人的收入流动性保持容忍——因为眼睁睁看着别人往高处走的滋味并不好受。当其他人变得富有时，所有东西的价格都会上涨，而那些原地不动的人的实际收入——即通过购买力来衡量的收入——实际上就降低了。若是这些人通过自己的资产来衡量自己的价值，情况就更糟了，当我邻居的车从本田换成玛莎拉蒂的时候，我的雪佛兰就显得十分寒酸了。美国人历来不喜欢嫉妒别人，因为他们都很自信。但是当自信心即将离我们远去的时候，嫉妒和仇恨这对手足兄弟离我们还会远吗？

随着越来越多的美国人开始意识到自己为参与竞争所作的准备并不充分，他们也就开始接受对自身期待值降低这一事实，"经济自由"这个词也不再能为他们勾画出一个充满机遇的美好愿景，反而成了一个可怕的梦魇，充斥着持续增加的不稳定性和嫉妒情绪，因为穷人越来越难翻身了。如果不加以遏止，任其发展的话，毁灭性的阶级冲突将不可避免。

推荐导师

你阅读的时间越长，你阅读每一本书的周期越短，因为很多东西你可能有共通的地方。什么意思呢？就是当阅读成为习惯的时候，你不觉得读一本书需要很长时间，如果阅读没有形成习惯，你可能读一两篇就困了，或者说看了一段以后就看不下去了。我最初读书的时候也要查字典，当然现在有百度了，但是现在慢慢地就可以不用查了。像《断层线》，我在飞机上就差不多读完了大半，剩了点尾巴回去的飞机接着读，一天时间，大概也是三个小时不到四个小时的时间，飞机上还空闲了一点时间。

中国金融博物馆书院理事会主席任志强

63

十年轮回

作　者：（马来西亚）沈联涛
出版社：上海远东出版社
出版年：2009年
定　价：38.00元

内容简介

　　所谓"十年轮回"，应的就是那句"历史总是惊人的相似"。

　　1997年，那时东南亚金融危机让世人再一次领略到了遗忘多年的瑟瑟寒风；而十年之后，新一轮的经济危机则彻底地打碎了很多人对欧美金融体系的崇拜。人们这才意识到，虽然历史的脚步在向前迈进，虽然经济学理论在不断更新，虽然华尔街的精英在鼓吹着他们的能力和才华，但是经济危机的风险却从未离我们远去。陈旧的思维模式、市场原教旨主义、宽松的货币政策、利差交易、松懈的监管、贪婪、裙带关系以及金融工程……这些显性或隐性的危机和诱因就像时刻等待点燃的火药桶，不知何时会引发下一次的全球灾难。

　　但在悲观的情绪背后，仍有积极的学者希望通过自己的努力来改变这一循环往复。就像本书的作者沈联涛先生所写的那样，尽管"没有一次金融危机是完全相同的，但它们都有着共同的因素，有望帮助我们发现并且缓和下一次危机"。

与那些身处象牙塔皓首穷经的学者们不同,沈联涛先生自始至终都是一位站在金融监管前线的实践者,同时也是一位学养深厚的经济学家,而这本书可以看作是这位金融监管者对世界金融界的最深刻体会。

精彩书摘

与英国官员相比,日本官员有一个至关重要的差异,因为日本官员从经营中提拔,不断晋升,高级职务显得很稀缺,有的人必须让出政府里的位置,因此就有大藏省高级官员下放到金融机构去任职,人们称之为"退休挂职"制度,或官员空降。

2001—2006年担任日本首相的小泉纯一郎在公众舆论尖锐批评退休挂职制度是腐败的根源之后,于2002年废除了这个制度。1993年广泛流传的承包丑闻和1995—1996年日本住房金融公司(即抵押银行)的丑闻都与退休挂职制度有关。人们发现日本住房金融公司大约有6.41万亿日元坏账。

这个制度确实有害,官员下放进入金融部门与日本投机高手向上进入房地产业交织在一起。房地产交易一旦被横行不法的歹徒把持,政府官员几乎无法对问题银行采取行动,因为银行高管也许是原来的同事。根据日本警方打击有组织犯罪部门前负责人的说法:如今的关键问题在于,大量现有的不良贷款单靠银行已无法收回,因为原来的贷款都牵连到政客、银行家和投机高手。

促成日本官商精英连通一气的"退休挂职制度",使得裙带资本主义成为日本经济金融体系的痼疾和诱发巨大泡沫的根源。

信中利国际控股有限公司董事长汪潮涌

对冲基金风云录

作　　者：（美）巴顿·比格斯
出版社：中信出版社
出版年：2007年
定　　价：42.00元

内容简介

巴顿·比格斯，业界公认的"美国第一投资策略师"，与索罗斯、朱利安等华尔街传奇投资家与金融大师齐名。

2003年6月，比格斯离开摩根士丹利，发起了Traxis合伙基金，那是2003年规模最大的新发对冲基金。短短数年之后，Traxis管理的资金就超过10亿美元。

2006年，比格斯推出了文字作品《对冲基金风云录》，讲述了一段又一段投资冒险与个人奋斗的经历，展示了投资家们形形色色的生活方式和经营手法，展现了这个充满激烈竞争的投资世界带给人们的悲喜。

通过比格斯笔下记录的点滴，我们可以揭开包裹在金融界之上的一层层神秘的幕布，走进华尔街的总裁办公室和晚餐会，借助比格斯的眼睛看到残酷而诱人的对冲基金世界的真实景象。

精彩书摘

在投机力量的撞击中，情绪所扮演的角色已经偏离了商业和行业的常轨。如果不重视这一点，就无法充分地解释股价脱离其商业环境的现象。在华尔街，"中庸"这个词并不存在，因为投机机制注定一切行为都会过度。就算是幻象的高潮和失望的深渊过后，人们恢复性的反应都会过激，比正常的商业趋势波动更大。人们若是只想把股票变动与商业统计挂钩，而忽略股票运行中的强大想象因素，或是看不到股票涨跌的技术基础，一定会遭遇灾难，因为他们的判断仍是基于事实和数据这两个基本维度。而他们参与的这场游戏却是在情绪的第三维和梦想的第四维上展开的。

从长远来看，价格和社会价值将围绕着一个核心价值回归平均值，但人类天生容易被感性因素所左右，因此倾向于打破常规，从而引起巨大的动荡。在一个由电视和互联网搭建起来的沟通无障碍的世界中，人们的非理智因素更容易相互感染并被迅速放大。

推荐导师

对冲基金这几年开始进入中国，《对冲基金风云录》的作者是摩根士丹利全球首席投资策略家和董事长，这本书已经翻译成中文，而且出了续集。这位老先生两个月前刚刚去世，这本书成了绝唱。他在摩根士丹利待了35年，用对冲基金创业的历程写了这两本书。他在摩根士丹利的时候，35年如一日，每个星期必须写一篇文章，在华尔街非常有影响力。他自己开玩笑说："我这50年写的文章，作的市场预测，一半对，一半错，但是能够坚持下来，这本书值得看。"

——信中利国际控股有限公司董事长汪潮涌

我在2008年金融危机那一年突然转行去了对冲基金，这是非常大的一个转变，从在MTV做音乐、做大型的演唱会，做电视、娱乐节目，突然转行做了对冲基金。当时我非常着急，我找了我们公司搞对冲基金的同事，我说我如果现在是一个入门级的人，我应该读哪几本书？他给我推荐了这本书，是原来摩根士坦利首席经济学家写的。你要想了解对冲基金，通过这本书就会发现对冲基金很简单。

英仕曼集团中国区主席李亦非

国家竞争优势

作　者：（美）迈克尔·波特
出版社：中信出版社
出版年：2012年
定　价：163.00元

内容简介

这是美国哈佛商学院名牌教授迈克尔·波特著名的竞争三部曲之一，是商业领域的又一圣经。

波特在本书中首次引入了自己创造的"钻石"模型——一种理解国家或地区全球竞争地位的全新方法，从此成为国际商业思维中不可或缺的一部分。而他的"集群"观点，对相互联系的企业、供应商、相关产业和特定地区的组织机构组成的群体的思考，也已经成为企业和政府思考经济、评估地区的竞争优势和制定公共政策的一种新方式。

经过了11次印刷和12种语言版本的翻译之后，迈克尔·波特的《国家竞争优势》完全改变了人们原来对财富在现代全球经济中是如何形成和保持的观念。波特对于国际竞争力创始性的研究影响了世界各国的国家政策，也改变了城市、企业，甚至像中美洲这样的地区的思想和行为。

国家是企业最基本的竞争优势，原因是它创造并延续企业的竞争条件。国家不但影响企业所制定的战略，也是创造并维持生产与技术发展的核心。通常，根据技术发展的复杂程度，企业会在不同状况的国家进行不同性质的活动。

企业通常将绝大多数的生产作业、核心技术以及先进的经验技巧放在母国。这种特点也会带动相关产业的发展，进而使得整体经济受惠。一个产业竞争力强的国家，通常也是出口顺差的国家。

若与企业在母国的发展相比较会发现，企业的国籍其实是次要的。即使是外资企业，如果它能像本地企业一样，在当地维持有效战略、不断创新并保持技术竞争力，当地经济也必然会因此而获益。因此，一个国家能持续并提高本身生产力的关键在于，它是否有资格成为一种先进产业或重要产业环节的基地。

推荐导师

《国家竞争优势》，讲一个国家怎么样去取得它的竞争优势，作者后来发觉国家的竞争优势就是人力资源，还有本土市场的规模也非常重要，只有当你的本土市场很大时，一些技术才能最先在本土市场上发展起来，然后推广到全球去，成为跨国企业。本书还讲到了什么样国家的文化比较适合发展一些什么样的产业，非常有意思。

携程网董事局主席梁建章

权利篇

当代中国八种社会思潮

作　者：马立诚

出版社：社会科学文献出版社

出版年：2011年

定　价：39.00元

内容简介

　　社会政治评论家马立诚先生将当代中国的社会思潮归纳为八种，即除了居于主导地位的邓小平思想外，还有老左派思潮、新左派思潮、自由主义思潮、民主社会主义思潮、民族主义思潮、新儒家思潮和民粹主义思潮。诚然，自改革开放以来，我国的思想界呈现出了百花齐放、百家争鸣的态势，各种思想理念层出不穷，但大抵都没有超出这八种类型。

　　作为一位敏锐而深刻的社会政治评论家，马立诚对中国当代社会思潮的把握、分析和评论，具有鲜明的时代性和批判性，同时也寄托着他本人的思考和忧虑。

　　而作者对各种思潮的介绍和阐释，也有助于我们理解中国的过去，认识中国的现在，探知中国的未来。

　　我自己的著作《当代中国八种社会思潮》介绍了当前中国的八种社会思潮，比如邓小平思想、老左派思潮、自由主义思潮、民主社会主义思潮、民族主义思潮等。这表明中国进步了，思想活跃了。八种思潮的背景是什么呢？是中国产生了新的问题，大家都要出药方，都想解决这些问题。八种思潮就是八种药方。当然，八种思潮不是并列的，其中居于主导地位的是邓小平思想。我们今天还生活在邓小平思想的延长线上。我们的GDP超过了日本，也是邓小平思想起的作用。我写这本书的想法是通过这本书给大家提供一个宏观的背景，看看中国现在处在什么样的思想格局，我们把药方比较比较，从中思考研究，也许有助于我们判断中国的未来。

著名时政评论家马立诚

变化社会中的政治秩序

作　者：（美）塞缪尔·P.亨廷顿
出版社：上海人民出版社
出版年：2008年
定　价：42.00元

内容简介

　　塞缪尔·菲利普斯·亨廷顿，是美国最有影响力的政治思想家之一，其对于发展中国家的政治结构和走向趋势的分析和判断影响了美国政坛多年。本书是亨廷顿著于1968年的政治学经典，当时大量的"第三世界"国家自第二次世界大战后纷纷踏上现代化之路，但成功者寥寥无几，大多陷入了军事政变、寡头政治、街头政治的无尽混乱之中。针对这些后现代化进程中的国家所涌现的问题，亨廷顿给出了自己独到的见解，展现出了惊人的知识广度和分析洞见。但是由于某些观点过于冷静和客观，因而也引发了世人对亨廷顿学术道德的非议。

　　1981年我国台湾曾将本书译成中文，但是其中涉及国、共两党历史的部分大都被删除，而1987年我国内地出版的译本则将原著全文呈现给读者，一时间引发台湾当地书店的私印之风，成为一大趣事。

精彩书摘

　　实际上，政治体制和社会势力之间是没有明确分界线的。许多社会集团会兼有这两者的重要特征。不过，两者之间的理论区分却是清晰的。所有参与政治活动的人都可以被认为是形形色色社会集团的成员。一个社会政治发展的水平，在很大程度上取决于这些政治活动家隶属和认同各种政治机构的多寡。显而易见，各种社会势力的力量和影响颇不相同。在一个大家都属于同一社会势力的社会里，冲突便可通过该社会势力自身的结构加以限制并予以解决，而无须正经八百的政治机构。在一个社会势力为数不多的社会中，某一集团——武士、教士，某一特殊家族，某一民族或种族集团——能够支配其他集团并有效地诱使他们默认这一统治，这种社会可能很少或根本没有共同体。但是，在任何一个社会势力复杂且其利害关系纵横交错的社会里，如果不能创设与各派社会势力既有关联又是独立存在的政治机构的话，那么，就没有哪一个社会势力能够单独统治，更不用说形成共同体了。经常有人引用卢梭这样一句话："最强者并非永远能保持其主人的地位，除非他将力量化为正义，将服从化为责任。"在一个具有任何程度复杂性的社会里，各集团的相对力量是变化的，但若要使该社会成为一个共同体的话，每一个集团的权力就是通过政治机构来行使的。这些机构能柔和、缓解并重新调整这种权力，从而使某一种起支配作用的社会势力与共同体中的其他社会势力相适应。

推荐导师

《变化社会中的政治秩序》，这本书是20世纪60年代写的，它特别强调在现代化进程中，现代化一旦完成或者全面获得以后，社会是可以稳定的。但是现代化进程中社会是不稳定的，不稳定的原因他有很多的阐述，在这个过程中很重要的一个要素就是政治必须具备整合能力，所以他用一句话说，一定要有能够进行变革的权威。他说了两个意思：第一，要有一种强的整合能力，是一个权威；第二，他又能领导和实施变革。

财讯传媒集团总裁戴小京

大数据时代

作　者：（英）维克托·迈尔·舍恩伯格

出版社：浙江人民出版社

出版年：2013年

定　价：49.90元

内容简介

　　随着wifi、掌上电脑、智能手机以及便携式电子数据设备的普及，我们每个人的行动、举止和生理反应都变成了可以被记录和分析的数据，而未来这一范围也许将延伸到我们的精神层面。现实世界的被数据化，标志着大数据时代的正式来临。随着人们获取数据的途径日益广泛，文明的发展也逐渐变成了真实的数据游戏，数据的收集、计算和分析将是一个企业、一个国家甚至一个民族凌驾于世界之巅的关键。

　　无论如何，大数据带来的思维方式的转变，给整个世界都带来了新的机会，本书作者维克托·迈尔·舍恩伯格就着力渲染了谷歌、微软、亚马逊、IBM、苹果、facebook、twitter、VISA等大数据先锋们最具价值的应用案例。不过大数据的来临同时也带来了种种威胁，比如公众隐私泄露、公共数据垄断、重数据轻思维的倾向等，不一而足。我们只能说，大数据会带来无数的可能性，现在我们看见的是商业的成功，而在未来，等待我们的也许是惊喜，也许是危机。

精彩书摘

数据价值的关键是看似无限的再利用，即它的潜在价值。收集信息固然至关重要，但还远远不够，因为大部分的数据价值在于它的使用，而不是占有本身。加特纳市场研究公司(Gartner)的副总裁道格·莱尼研究了Facebook在IPO前一段时间内的数据，估算出Facebook在2009年至2011年间收集了2.1万亿条"获利信息"，比如用户的"喜好"、发布的信息和评论等。与其IPO估值相比，这意味着每条信息（将其视为一个离散数据点）都有约4美分的价值。也就是说，每一个Facebook用户的价值约为100美元，因为他们是Facebook所收集信息的提供者。

不过卓越的才华却并不依赖于数据。史蒂夫·乔布斯多年来持续不断地改善Mac笔记本，依赖的可能是行业分析，但是他发行的iPod、iPhone和iPad靠的就不是数据，而是直觉——他依赖于他的第六感。当记者问及乔布斯苹果推出iPad之前作了多少市场调研时，他那个著名的回答是这样的："没作！消费者没义务去了解自己想要什么。"

推荐导师

《大数据时代》这本书是任总（任志强）推荐我看的，我又推荐给京城企业协会会员们。它的质量和我对书的要求并不完全一样，但这本书还是可以看一下的。这本书不是讲统计学或者技术意义上的数据，这个数据应该扩展为信息。这个作者曾经在美国担任信息工程师，难得的是他对信息和数据有着非常完整的理解，另外他的语言功底非常好，所以这本书可读性很强。这本书通过技术化的介绍，很实际地告诉我们，和数字化管理相匹配的应该有一个最佳制度或者最佳的体制设计，然后再按照这个逻辑告诉你更多的东西。

中国金融博物馆书院学术委员会主席衣锡群

第三次浪潮

作　者：（美）阿尔文·托夫勒
出版社：中信出版社
出版年：2006年
定　价：38.00元

内容简介

　　阿尔文·托夫勒是一名先知，换成咱们中国人的说法，就是"前知五百年，后知五百载"的"大仙"。早在20多年前，他就预测到在不远的未来会出现这样一幅景象：电脑将成为人类生活的必需品、SOHO（在家工作）将成为一种新的潮流、DIY（自己动手做）运动将成为一种风气、跨国企业将垄断世界市场、传统的家庭制度将分崩离析……这一切的预言都被他写在了《第三次浪潮》一书中。时过境迁，我们再回头审视这本书，不由得不对托夫勒顶礼膜拜。

　　《第三次浪潮》在20世纪我国国门开启之初被引入，给人们的心灵造成了无法言语的冲击。也许托夫勒并没有给当时的中国带来直接的财富，但他给了中国的年轻人一个创世纪的梦想。多年以后，当年阅读托夫勒的年轻人已成为中国经济建设的中流砥柱，托夫勒的思想或多或少仍在指引着他们"创造未来"。

精彩书摘

　　第二次浪潮最为人们所熟悉的原则，就是标准化。谁都知道，工业化社会生产千千万万同样的产品。但是很少有人注意到，市场一旦处于重要地位，我们的标准化就不仅仅是可口可乐的瓶子、电灯泡、汽车变速器了。标准化的原则同样应用在许多其他事情上。

　　在第二次浪潮社会中，不仅劳动逐渐标准化，而且雇用办法也不断地标准化了。标准化的测验，以鉴别和清除那些可能不适用的人，尤其是在文官系统。在整个工业体系中，工资等级是标准化的，随之而来的，额外福利、午餐时间、假期、申诉办法都标准化了。为了准备青年进入劳动力市场，教育家设计了标准化的课程，标准化的智力测验，学校升级原则、入学条件、学分计算也都标准化了。选择法测验也盛行起来。

　　大众传播界同时也在散布标准化的形象。因此，千万人看相同的广告，相同的消息，相同的小说。少数民族的语言遭到了中央政府的压制，与大规模交通的影响结合起来，导致了地方和地区性的方言与土语接近消亡，甚至全部消失。

我对这本书印象很深，1983年我大学二年级，那时候这本书像一扇窗户一样打开了我们对未来的向往。那时候我20岁左右，这本书我看到之后就爱不释手。这本书基本的观念大家都知道，工业革命是第二次浪潮，农业革命是第一次浪潮，我们正在进行第三次浪潮。第三次浪潮以信息技术为核心，这样的浪潮在发达国家和发展中国家是完全一样的。1983年、1984年是中国改革进入攻坚阶段的时候，也是中国改革深入的开始。赵紫阳当时作为总理向全党推荐这本书，这本书对我们那一代人产生了非常重要的影响。

这本书我看了很多遍，这本书里的很多话语我还能记下来，像是"我们和我们的儿女就能参加到这个不只是改造过时的政治结构，而且是改造文明本身的令人振奋的活动中去"。还有最后一句话也影响了我很多年："就像革命先辈一代那样，我们的使命注定是创造未来！"所以这本书在我年轻的时候起到了很大的作用，我想跟大家分享一下。

中国宽带资本基金董事长田溯宁

从理想主义到经验主义

作　者：顾准
出版社：光明日报出版社
出版年：2013年
定　价：32.00元

内容简介

顾准，是中国三代知识分子的精神偶像，更是我国提出社会主义市场经济理论第一人，即使是在动乱的年代他也从未更改过他的理念和主张，展现了一个有风骨的知识分子的气节。

这本《从理想主义到经验主义》写于1973—1974年，是顾准与其弟陈敏之在通信中的学术讨论笔记。在那个充满禁锢的年代，顾准始终进行着独立而深入的思考，在哲学、历史、经济、政治等广泛的领域提出了许多发人深省、启迪良知的问题和观点，探讨着"娜拉出走以后怎样"（即革命胜利取得政权以后怎样）的问题。

可惜的是，在黎明到来的前夕，顾准先生不幸去世，没有亲眼看见自己当年的思想理念对改革时期的社会思潮产生的重大影响。但令人欣慰的是，后人却从来没有忘记这位伟大的时代先行者。

　　不要奢求人民当家做主，而来考虑怎样才能使人民对于作为经济集中表现的政治的影响力量发展到最可能充分的程度。既然权威是不可少的，行政权是必要的，问题就在于防止行政权发展成为皇权。唯一行得通的办法，是使行政权不得成为独占的，是有人在旁边"觊觎"的，而且这种"觊觎"是合法的，决定"觊觎"者能否达到取而代之的，并不是谁掌握的武装力量比谁大，而是让人民群众在竞相贩卖其政纲的两个政党之间有表达其意志的机会，并且以这种意志来决定谁该在台上。如果这一点确实被认为是唯一行得通的办法，那么，伴随着这种制度而来的一切可笑现象，只能认为是较轻的祸害。当然，这种祸害也要正视，也要逐渐减轻它。

　　你还可以觉得政党、政派，无非是政客组成的集团，可以认为他们当主角的这种民主，很不光彩，感到和"人民做主"这个原则不合，因此还是要直接民主。你也可以认为，目前，人民教育水平不足，也许不幸只好如此。到共产主义时代，谁都知识丰富，目光明澈，那就不会如此了。

推荐导师

　　《从理想主义到经验主义》反映了我们思想方式的转变，作者是顾准，可能不少朋友会知道他，当年是老的共产党人，上海解放的时候他是华东军政委员会负责财政方面的官员，后来是上海市财政局的局长。他是一个在会计方面很有造诣的党内的领导同志。中华人民共和国成立以后要收税怎么收？他主张要通过查账收税。但是当时主流的意见叫作民主评议，通过一套政治程序决定收税，组织一伙人说他应该收多少，他就收多少。顾准反对。因为这个反对跟主流意见冲突，最后被说目无领导、对抗组织，受到了处分。他很有想法，孙冶方把他请到北京研究所做研究工作。他是第一个在研究工作中提出社会主义经济不可能把价值规律消灭的学者，我们今天讲社会主义市场经济，如果要找思想的源泉，孙冶方都承认最早的工作是顾准做的。

　　第一次读他的东西是1979年，我刚从黑龙江到北京上学，当时是《中国社会科学》杂志创刊第一期，试刊号上有一篇他的文章，文章叫"资本原始积累和发展"，是他在"文革"时期被斗的时候写的一个笔记，后来他哥哥帮他整理出来，发表到杂志上。这份杂志当时只印了200本，因为是试刊号，最权威的社会科学杂志，送出去一审时很多意见说这篇文章不行，后来就被拿下来了。拿下以后正式出版的《中国社会科学》第一期就没这篇文章。我很幸运，因为当时有我们农村小组的成员在社会科学出版社，他给我找了一本，所以我拿到试刊号，读到了顾准的这篇文章。他反思了为什么中国会出现"文革"这样的悲剧，他认为我们整个社会结构中有一些根本性的东西，我们不会轻而易举地发展出一个市民社会，他读了《共产党宣言》和《资本论》，是西欧发展路径的结晶，我们东方转制的组织很难像西方社会的公司那样崇尚自治、契约，他就进行了反省。这篇文章对我自己有很大的影响，这个世界到底是怎么样的，你要在里面找到变化的可能性，不能我把一套东西强加给你。最后"十年动乱"之间斗来斗去，其实都是理想主义失去控制以后的一个政治表现，他吃了这个苦头才反思这些经历。这本书一直对我们这些人有很大的影响，后来杜老讲的，要有理想，不能理想主义，你有理想还得要跟经验结合，跟你所处的时代、国家的实际情况结合，所以这本书一直对我有影响。

北京大学国家发展研究院教授周其仁

民主的限制

作　者：赵鼎新
出版社：中信出版社
出版年：2012年
定　价：38.00元

内容简介

　　民主是什么？民主为什么要建立起来？民主应该怎么推进？群体性事件的多发是好是坏？当微博改变世界的时候，很多人大概以为，我们朝着民主迈进了一步。其实，我们只是困在"民主""自由"之类的名词面前，夹缠不清，难以寸进。

　　《民主的限制》作者赵鼎新教授，用生活化的语言，用当前社会的一些事件，讨论了如自由民主、群体事件、网络争论等话题，解释了什么是民主和社会运动，我们应该怎么促进民主，纠正了大众对于民主的误读和误解。

　　从总体上看，《民主的限制》既延续了学者一贯的严谨，又相当通俗地解答了社会和民众对于民主这个话题的疑惑。这本关于民主与社会运动的作品，在这个民意沸腾的时代，在这个群体性事件层出不穷的时代，适逢其会。

传统马克思主义有许多误区，其中之一就是高估了工人的革命性。从这个意思上说，葛兰西的"话语霸权"、卢卡西的"虚假意识"和帕鑫的"顺从意识形态"既体现了马克思主义的发展，也显示了理想主义知识分子对工人的失望。

总之，阶级是随着现代认同感社会的产生而产生的一个较早的社会认同，它对于现代认同感政治的发端起着十分重要的作用。但是激进派种树，保守派乘凉。由于较为保守的社会群体往往有着更为深厚的传统的支持，因此一旦适应了现代社会的认同感政治后，保守社会群体所打造的社会认同，其基础更为坚实。这就是为什么在目前的世界上，宗教、民族等社会认同的重要性不断上升，而阶级认同的重要性却在衰退。20世纪60年代后，随着阶级认同在西方社会的势微，各类中小型"左派"社会认同（如女权主义者、同性恋者、环保主义者）相继出现。于是现代社会就成了真正意义上的认同感社会。可是，这种被"左派"知识分子所推崇的认同感政治把西方的"左派"势力从思想上和组织上划分得更加支离破碎，从而难以和日益整合的"右派"和保守势力相抗衡。事实上，西方新"左派"所推崇的认同感政治不但断送了阶级政治，而且还宣布了近代总体性"左倾"思潮的垮台。

《民主的限制》，是从另外一个角度讨论民主。民主有不同的定义，有的人只从单方面去考虑，就是选举权的问题。其实除选举权之外，民主还有许多其他的内容。所以广义的民主和狭义的民主，两者之间是有争论的。这本书对比了三四种对于民主的认识，还谈了一个基础观点。

中国金融博物馆书院理事会主席任志强

当代中国的启蒙与反启蒙

作　者：许纪霖
出版社：社会科学文献出版社
出版年：2011年
定　价：39.00元

内容简介

　　启蒙运动和它带来的社会思潮，曾经感染了一代中国人，也引发了各界对中国社会各个方位的思考与解读，从某种意义上说，正是在思想解放潮流的推动下，中国社会才有了今天长足的进步和发展。但是遗憾的是，随着物质生活的高度繁荣，当思想遇见金钱之后，启蒙之风就逐渐淡出了人们的视野。

　　2011年，中国现代思想文化研究所副所长许纪霖推出了这本书，希冀带领我们重温30年前的岁月。他从思想史的视角梳理了包括后现代思潮、国家主义思潮、新左翼思潮、虚无主义思潮、反西方主义思潮等各种思潮，并对其源流、影响作了考辨，进而深刻指出："当今的中国只有继续沿着启蒙的路径，融入人类主流文明，才能巩固和发展改革开放的成果，真正实现中华民族的复兴。"

我们可以看到，在当代中国，只要不涉及公共事务和威权主义的统治，私人空间的自由都是容许的，而且是被鼓励的，特别是"让一部分人先富起来"的发财的自由。所谓的"消极自由"包括个人的言说权，只剩下与个人功利有关的那些权益，但一涉及公共事务，就是另外一回事。无论是国家、还是民间，都一再鼓励和宣传这种"过度的私人化"意识形态，也就是将自由大大消极化、严格限定在私人领域的意识形态。

一种被掏空了积极自由的自由主义，将不再是民主化的自由主义，而只是威权主义保护下的、仅仅在乎个人私利的自由主义。在当代中国，没有直接加入论战的"经济自由主义"者，正是这样的只要经济自由，不要政治权利的"消极自由主义"者。而直接加入论战的"政治自由主义"者们，虽然他们在宣传上倾向"消极自由"，批评"积极自由"，但他们的政治实践重心，却与政治领域的人权有关。而这些在公共事务上的表达自由，已经超出了私人领域之外，成为公共领域的政治诉求，应该是积极自由中最积极的一部分。中国的"政治自由主义"者的理论主张和实践诉求，有其内在的矛盾，而这一矛盾，正是学理上的混沌所致。

许纪霖的《当代中国的启蒙与反启蒙》，这是他给我们作的一个项目。我觉得他在这本书中把改革开放30年以来知识分子各种思潮、各种主义的变革作了一次梳理。我特别推荐他的一篇文章，叫作《读书人站起来》。我觉得在今天知识分子不是一个统一的整体，有各种不同的表现，现在有些知识分子可能拜倒在权力脚下，还有匍匐在金钱脚下，这些人站不起来。我们需要的是读书人首先启蒙了自己，然后给我们所有年轻人也好、年老人也好一种启蒙。唯有启蒙，中国的民主才有希望。因为知识分子肩负着知识的传承、文明的传承，所以他应该站起来。在今天读书人站起来，读书人用他们自己的体验和他们的智慧，给人们以启蒙。

博源基金会总干事、瑞银投资银行副主席何迪

作　　者：涂子沛
出版社：广西师范大学出版社
出版年：2013年
定　　价：49.90元

内容简介

美国是怎么公布官员财产的，美国能让少部分人腐败起来吗？美国式上访是怎么回事？凭什么美国矿难那么少？全民医改美国做得到吗？美国总统大选有什么利器才能赢？下一轮全球洗牌我们世界工厂会被淘汰吗？……

除了上帝，任何人都必须用数据来说话。

大数据浪潮，汹涌来袭，与互联网的发明一样，这绝不仅仅是信息技术领域的革命，更是在全球范围启动透明政府、加速企业创新、引领社会变革的利器。现代管理学之父德鲁克有言，"预测未来最好的方法，就是去创造未来"。而"大数据战略"，则是当下领航全球的先机。

大数据，这一世界大潮的来龙去脉如何？数据技术变革，何以能推动政府信息公开、透明和社会公正？何以促发行政管理和商业管理革新，并创造无限商机？又何以既便利又危及我们每个人的生活？Google、百度之类的搜索服务，何以会不再有立足之地？引领世界的数据帝国——美国和西欧，正在如何应对大数据时代？我们中国，又当如何作为？

精彩书摘

奥尔森认为，每个人都是经济理性人，也就是说，每个人做事，都会首先考虑自己的利益得失。大家一起行动，一旦行动成功，所有的集体成员都能从中受益，包括那些没有参与行动的、偷懒的、取巧的、旁观的、冷嘲热讽的，甚至使坏的，都将从中获益，而行动的真正参与者、领导者，却可能要付出不同一般的代价。

每个人一计算，都发现自己的最佳策略是"坐等"，是"围观"。也就是说，明知现实不合理，自己也不想出力，都希望别人出头、自己搭便车。这种集体都想"搭便车"的结果，就是公共利益得不到有效的照顾，大家的权益最终都受到损害。奥尔森还指出：当集体越小、利益冲突越激烈的时候，越容易联合；当集体越大，利益冲突不明显的时候，越难联合。

推荐导师

《大数据》，这是京城企业协会推荐给会员的书，它的质量和我对书的要求并不是完全一样。总的来说这本书还是可以看一下，是任总推荐我看，我又推荐给京城企业协会会员的。这本书的内容不是讲统计学或者技术意义上的数据，这个数据应该扩展为信息。

这本书可读性很强，作者的语言功底非常好。

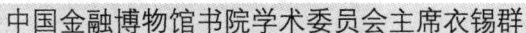

中国金融博物馆书院学术委员会主席衣锡群

你永远都无法叫醒一个装睡的人

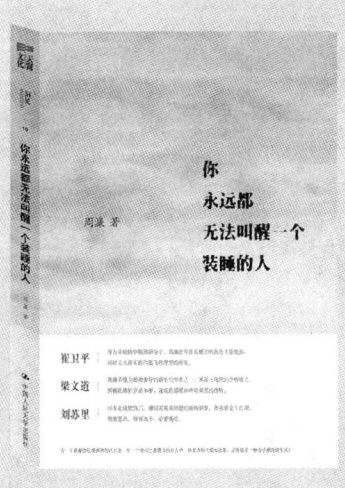

作　者：周濂
出版社：中国人民大学出版社
出版年：2012年
定　价：32.00元

内容简介

在一个普遍性伦理崩溃的时代里，在一个绝对之善匮乏的社会中，你是选择犬儒地活着，还是追求一种合乎德性的生活？

周濂所著的这本随笔文集开篇就提出了这样一个让人觉得冷到骨子里的尖锐问题。看看我们的身边似乎有太多的人选择放弃直面这惨淡的世界，埋头昏睡在自己的小楼里。至于那些吵闹的话语、烦躁的闹铃，对他们来说，都已经变成了充耳不闻的空气。他们用装睡来捍卫自己。

而在本书中，作者想告诉我们，在一个乌烟瘴气的喧嚣迷茫时代，在一个颠倒是非的时代里生活，个体性的痛楚可想而知。可是即使是在外部环境非常糟糕的情况下，一个人依然可以选择过一种合乎德性的生活，并以此来安排自己的日常生活，依然可以选择不止做个"好人"，还可以做个"好公民"。

精彩书摘

身处这个动荡不安的魔幻现实主义国家，我相信每个人都不同程度地患有"我不相信"强迫症，而且不相信的对象绝不止于不受限制的公权力，它也可能是衣着光鲜的经济学家，是微博上加"V"的名人，是沿街乞讨的妇女，是不慎跌倒的老人，甚至是曾经并肩作战的同志或者相濡以沫的爱人。因为不相信，因为"不相信"强迫症所并发的失败主义和犬儒意识，让我们用更加昏暗的眼神去审视这个原本昏暗的世界。不久前，独立参选人遭打压，网友纷纷声援，有人冷冷地说：想出名总要付出代价的。山东某女得知前夫罹患尿毒症，捐肾救之，有人冷冷地说：激动啥，骗遗产吧。这简直就是"心理阴暗、人人平等"。在这个时代，似乎总有一种向下的力量要把所有人拉低，总有一种执拗的怀疑要撕破人道主义的温情面纱。

可是我们为什么要选择相信别人、相信政府呢？安妮特·贝尔说："一个人如果相信他人的良好愿望，他就必然容易受到他人良好意愿有限性的伤害。"换句话说，选择相信别人的同时，也就给别人留下一个伤害自己的机会。我养过一只小狗，见到任何人都会扑通倒地，然后亮出柔软的腹部邀请被抚摸。这种因为对世界懵懂无知而拥有的绝对安全感真叫人嫉妒。

推荐导师

联和运通控股有限公司董事长张树新

世界是平的

作　者：（美）托马斯·弗里德曼
出版社：湖南科学技术出版社
出版年：2006年
定　价：58.00元

内容简介

这是比尔·盖茨推荐了多次的一本书，他说，这是所有决策者和企业员工的一本必读书。

托马斯·弗里德曼，这个三次获得普利策奖的超级作家，像是一个敏锐的先知，他早早地就意识到很快这个地球上的每个人都可以在同一起跑线上合作或竞争，种族、肤色、语言等差异都将被打破，人类只需要通过海底光缆和网络就能实现社会分工。

尽管在这个美丽新世界中，变革正在无情地推进，但是这并不是一件可怕的事情，只要我们能够顺应潮流作出变革的决策，那么就将获得前所未有的机会。

可是如果我们错过了这次变革，或者作出了错误的决策，后果会变得怎样？托马斯·弗里德曼在书中语焉不详。

或许这就是比尔·盖茨多次要求身边的人去阅读这本书的原

因，可怕的不是错过，而是落后。

如果一个社会的回忆多于梦想，在这个社会中，会有很多人花费大量的时间向后看。他们不是通过当前的努力而是通过回味过去获得尊严、肯定和自尊。甚至通常情况下，那并不是一个真实的过去，而是想象中的、经过装饰的历史。这种社会的全部精力都用在了把他们的过去想象得比实际更加美丽，然后沉湎其中，不能自拔；而不是设想一个更加美好的未来，同时为此而奋斗。当一些国家走上这条路线时，会非常危险；如果美国失掉了它的宽容，也朝向这个方向的话，那就将是一场灾难。

推荐导师

我推荐了一本书，这本书叫《世界是平的》，它讲10台推土机推平了这个世界，得到的结论就是，你得到优势和你失去优势的时间越来越短。招商银行在过去十几年创造了零售银行的优势，但是现在其他银行也看到了这一点，大家都在追赶，我们跟其他银行的差距越来越小。

做零售业务是费劲的，要千锤百炼，要千家万户，点点滴滴。但一旦这个模式造就了以后，它还是有它的优势的。招行的优势就是它体系的优势，它有着一个渠道体系，有物理网点，又有网络、电话；也有产品体系，信用卡、私人银行和理财；也有一大批成熟的客户经理；还有一批客户，就是年轻人和城市白领。这样一个体系，我想留住他们的前提是你的服务不仅要满足他们的要求，而且要与时俱进。因为在十几年零售客户的实践中，我们发现客户的需求是不断变化的，最早的时候客户是什么需求，"你给我一张笑脸就行了"，那时候我们给他牛奶，他就很高兴了；后来他要求个性化，网络要满足他；现在他需要理财产品，需要私人银行，需要跨国金融，你都要满足他。只要做到这一点，他为什么要离开你？！所以你的优势，就是你要想保住你的优势，你要不断地因民而变，不断地满足客户的需求；而要满足客户的需求，你就要不断地创新产品。曾有人问我他们怎么样基业长青，我们的战略是"早一点、快一点、好一点"。你要对社会经济发展产生的金融需求有一个前瞻性。

招商银行原行长马蔚华

资本论

作　者：（德）马克思

出版社：上海三联书店

出版年：2009年

定　价：158.00元

内容简介

　　《资本论》全称《资本论·政治经济学批判》，是西方哲学大体系缔造者中的最后一个人——卡尔·马克思经济学说中最主要的著作。

　　马克思以唯物史观的基本思想为指导，通过深刻分析资本主义生产方式，揭示了资本主义社会发展的规律，同时也使唯物史观得到了科学的验证和进一步的丰富发展。马克思在《资本论》中将社会关系归结为生产关系，将生产关系归结于生产力的高度，从而证明了社会形态的发展是一个不以人的意志为转移的自然历史过程。

　　《资本论》的最伟大之处，即在于马克思科学地阐述了价值规律和剩余价值规律，引领世人更深入地了解商品与货币之间的神秘关联规律，探究人类纷繁复杂的经济活动背后隐藏着的深层内涵。

　　转瞬间，《资本论》成书已过百年。虽然当今世界的形势已发生巨大的变化，但书中所蕴含的基本经济和政治理论仍然是今天的人们的宝贵精神财富。马克思思想已然超越了国界和时间的范畴，他不仅为19世纪的人类所拥有，为20世纪的人类所重视，而且，作为人类的一笔宝贵的思想遗产，在以后人类的各个世纪中，它都将被继承、被发扬光大。

精彩书摘

　　但是，资本由于无限度地盲目追逐剩余劳动，像狼一般地贪求剩余劳动，不仅突破了工作日的道德极限，而且突破了工作日的纯粹身体的极限。它侵占人体成长、发育和维持健康所需要的时间。它掠夺工人呼吸新鲜空气和接触阳光所需要的时间。它克扣吃饭时间，尽量把吃饭时间并入生产过程，因此对待工人就像对待单纯的生产资料那样，给他饭吃，就如同给锅炉加煤、给机器上油一样。资本把积蓄、更新和恢复生命力所需要的正常睡眠，变成了恢复筋疲力尽的肌体所必不可少的几小时麻木状态。在这里，不是劳动力的正常状态的维持决定工作日的界限，相反地，是劳动力每天尽量的耗费（不论这是多么强制和多么痛苦）决定工人休息时间的界限。资本是不管劳动力的寿命长短的，它唯一关心的是在一个工作日内最大限度地使用劳动力。它靠缩短劳动力的寿命来达到这一目的，正像贪得无厌的农场主靠掠夺土地肥力来提高收获量一样。

　　可见，资本主义生产——实质上就是剩余价值的生产，就是剩余劳动的吸取——通过延长工作日，不仅使人的劳动力由于被夺去了道德上和身体上的正常发展和活动的条件而处于萎缩状态，而且使劳动力本身未老先衰和死亡。它靠缩短工人的寿命，在一定期限内延长工人的生产时间。

但是，劳动力的价值包含再生产工人或延续工人阶级所必需的商品的价值。既然资本无限度地追逐自行增值，必然使工作日延长到违反自然的程度，从而缩短工人的寿命，缩短他们的劳动力发挥作用的时间，因此，已经消费掉的劳动力就必须更加迅速地补偿，这样，在劳动力的再生产上就要花更多的费用，正像一台机器磨损得越快，每天要再生产的那一部分机器价值也就越大。因此，资本为了自身的利益，看来也需要规定一种正常工作日。

推荐导师

在我上初中和高中的时候，我老要搞清楚什么是真马克思主义，什么是假马克思主义，什么是修正主义，所以读了很多这方面的书，包括哲学的、历史的、马列的。比如那时候开始读《哥达纲领批判》《反杜林论》《帝国主义论》，试着读《资本论》，读斯大林的《苏联社会主义经济问题》，试图弄清楚一些问题。

高中毕业之后我去插队，我非常感谢小平同志的改革开放。小平同志一复出，他做的头几件事，第一个是恢复高考。我有幸在第一年，1977年年底考上了北京大学，正好考进了经济系。北京大学经济系，那时候叫经济系，其实学的是马列原著，真正科班出身学习马克思列宁主义的就是北大、人大经济系。可以说我在北大受到了非常好的教育，那时候对马列的经典著作作了系统的研究，不管是《资本论》还是其他的经典著作都作了系统的学习。

可以说我是改革开放以后第一批被送出去念学位的，而且被北京大学公派出国，学的是经济。实际上我还是没忘了我原来的情结。到了西方以后，我在想到底什么是真马克思主义，什么是假马克思主义。很多原著是德文和俄文，我熟悉英文，我试图熟悉德文的语法，理解这个原著是怎么写的。

我在美国还在学习马克思主义，试图在想马克思主义怎么会在西方诞生。大家知道马克思是1818年出生的，他在那个社会环境下怎么样产生马克思主义？而社会主义思想又是怎么产生的？比如欧文、傅里叶、圣西门的那些思想是怎么产生的。实际上现在很多西方人也不理解这一点。学习马克思的《资本论》和马克思对资本主义的批判，受益最大的是现代的西方社会。恰恰是现代的西方社会从一定程度上吸收了马克思对它的批判，所以才有了社会保险，所以才有了劳动标准、劳动保护、人的权利，才有了最低工资，才有了一个星期最长工作时间限制。这些是从马克思对资本主义的批判中所吸取的元素。

由于有了这些改进，所以市场经济有了这样一个发展。但是反而是西方的人他不太清楚是怎么回事，而真正付出成本最大的民族，就是实行了计划经济的民族，一个是苏联，一个就是中国。苏联和中国，以及东欧一些实行了计划经济国家的人民为此付出了沉重的，甚至可以说是血和生命的代价。现在新生代的年轻人，对这一点认识得还不够深刻。但是我们只有认识到这些，才能更加激励我们对改革开放的认同，坚定改革开放的方向。

正是在这种苦难的成长中，人家说"棒打出孝子""儿不嫌娘丑，狗不嫌家贫"，我在出国留学和工作时，对中国、对中华民族，对我们的文化和历史非常的热爱。并且坚信我们这个民族这么勤劳，我们肯定能够致富，我们国家肯定能够强盛，老百姓、我们的公民肯定能够富裕，并且得到自由。

中国人民银行副行长兼国家外汇管理局局长易纲

血酬定律

作　者: 吴思

出版社: 语文出版社

出版年: 2009年

定　价: 28.00元

内容简介

什么是"血酬"？血酬，即流血拼命所得的报酬，体现着生命与生存资源的交换关系。血酬是对暴力的酬报，就好比工资是对劳动的酬报，利息是对资本的酬报，地租是对土地的酬报。而血酬的多少，则取决于暴力的强度，及暴力的承受者避祸免灾的意愿和财力。强盗、土匪、军阀和各种暴力集团靠什么生活？靠的就是血酬。

在这本书中，吴思先生从"血酬"开篇，随即引申出了贪官污吏的敛财绝技、商贾巨富的坑害手段、市井小民的反抗策略、书生才子的求财之道和盗匪土霸的获利模式等现象，不仅探讨了历史上不同层级人们的生存妙法，更为我们揭开了中国社会表面现象下的真实面貌，以及隐藏在规则背后的终极规则。

中国激进知识分子好谈专制与民主。他们只把专制与民主视为一种政治制度，又将政治制度视为一件可以随时替换的衣服。他们被西方政治概念蒙住了眼睛，看不到政治制度赖以有效运作的社会心理习惯。当广大村落农民尚未学会自我代表，且需要别人来代表时，一切法律与民主的制度建设，只能是一层浮在水面上的油。

曹锦清追问道，干部不管事，"那么老百姓呢？他们为什么不能联合起来商量个办法来解决问题呢？为什么在需要合作协商的地方，我们往往能听到诸如'没有人管'或'没有办法'的答复呢？'没有人管''没有办法'或许是村落社会内最为普遍的一种心态，我们千万不要低估这两句村民习用语的文化学含义。'没有人管'是说'要有一个人来管他们'，'没有办法'是说他们无力通过合作协商想出一个办法，而只能靠'别人'来替他们做主"。

当冤大头是老百姓最合算的选择，而当贪官污吏则是官吏最合算的选择。这不是道德问题，而是利害格局决定的。

推荐导师

《血酬定律》，这不是我个人推荐给大家的，而是我们京城企业协会推荐的。大概每个季度我们都会给自己的会员推荐一部分书，都是从一些优秀的出版机构和书店排行榜挑选出来的，我们会参照排行榜，再参照我们会员的阅读偏好加以推荐。推荐这本书，是由于我们很多会员都非常了解和喜欢吴思先生原创的"替规则"等理论，它们现在已经成了我们生活中常用的词汇。

中国金融博物馆书院学术委员会主席衣锡群

启蒙与中国社会转型

作　者：资中筠

出版社：社会科学文献出版社

出版年：2011年

定　价：29.00元

内容简介

改革开放已进行了30多年，中华人民共和国成立了60余年，五四运动过去了90多年，辛亥革命都过去100余年了！屈指算来，以推翻帝制、建立共和为使命的中国人已经为社会现代性的转型奋斗了上百年，但我们现在仍处在现代性转型之中。

但不论选择什么样的路径，我们都不能迷失方向；而为了不迷失方向，我们仍需要弘扬启蒙精神。一个转型的社会必定是一个启蒙的时代，我想这就是出版《启蒙与中国社会转型》的意义之所在。

本书以资中筠先生对中国的文化思潮、制度规则以及社会精神等方面的思考为开篇，继而引出秦晓、雷颐、高全喜、任剑涛等社会贤达对于启蒙和启蒙运动的探讨和认知。其中既有鼓瑟和鸣的美感，也有唇枪舌剑的硝烟，但更能看出一代读书人对中国的当下与未来的思索。

精彩书摘

近代中国社会的转型就是要打破这种传统社会结构，把人从这种依附性的伦理关系中解放出来，成为独立、平等的人。在人人平等，注重、保护个人权利的条件下，只能建立契约型伦理关系。因为个人的权利是独立、平等的，彼此不能依附，只能"契约"。可以说，个人独立、平等是"契约"的基础。契约精神、契约性道德正是近代启蒙思潮的主要内容之一。现代社会的一个重要特点是市场经济，而人格平等独立的契约精神是市场经济的先决条件。同样，也只有在人格平等的条件下，才可能产生民主政治。所有这些与伦理宗法型社会是格格不入的。新文化运动的先驱对此深有认识，破天荒提出"伦理革命"的口号，呼吁要建立真正的民主共和政体必须使国民"脱离奴隶之羁绊，以完其自主自由之人格"。所以陈独秀认为"伦理觉悟"是比"政治觉悟"更重要、更根本的"吾人最后觉悟之最后觉悟"。他提醒说："吾人果欲于政治上采用共和立宪制，复欲于伦理上保守纲常阶级制，以收新旧调和之效，自家冲撞，此绝对不可能之事。""倘于政治否认专制，于家族社会仍保守旧有之特权，则法律上权利平等，经济上独立生产之原则，破坏无余，焉有并行之余地？"

由此，他们进一步明确提出国家与个人的关系根本不应是伦理关系而应是一种契约关系。高一涵在《民约与邦本》《国家非人生之归宿论》等文章中反复强调："国家者，非人生之归宿，乃求得归宿之途径也。人民、国家，有互相对立之资格。"

推荐导师

资中筠先生80岁生日时写过一篇论文，书中的标题叫"中国知识分子对道统的承载与失落，建设新文化任重而道远"。大概讲的是中国知识分子的情况，用这个相对应于金雁老师讲俄罗斯知识分子（《倒转"红轮"》）的内容。

博源基金会总干事、瑞银投资银行副主席何迪

共同财富

作　者：（美）杰弗里·萨克斯

出版社：中信出版社

出版年：2010年

定　价：42.00元

内容简介

世界正在走向一个生死攸关的十字路口，赤裸裸的市场力量与国家之间不受节制的地缘政治竞争再也无法拯救我们共同的世界。气候变化、环境污染、水资源短缺、物种灭绝、可耕地减少、自然资源日益耗竭、经济发展问题重重、全球流行疾病蔓延……我们这个世界已经麻烦重重，并且患上了严重的"疾病"。除非我们了解这些"疾病"之间的因果关系，否则就无法根治这些顽疾。

全球首屈一指的经济学家杰弗里·萨克斯，从全球的角度整合各学科的研究成果，为所有"疾病"把脉问诊，他开出的"良方"就是——可持续发展。毋庸置疑，作为世界上最伟大的经济改革者，杰弗里·萨克斯在这本书中所阐述的可持续发展战略将是拯救这个世界的终极之策！

这是一部有益于全人类的书，是任何重视可持续发展的人士必读的书，也是所有要擘画未来的领导人不可不读的重要参考书。

精彩书摘

　　地球上挤满了人，经济活动的活跃程度远远超出了我们的想象。自1950年以来，世界人口已经增加了40多亿，从25亿增加到今天的66亿。撒哈拉沙漠以南的非洲地区人口已经翻了两番还多，从1.8亿增加到8.2亿。西亚地区（其中包括中东、土耳其和高加索地区）的人口也在迅速增长，从1950年的5100万增加到2007年的2.2亿左右。当然，世界经济增长速度更快，因为人口增长一直伴随着人均收入的急剧增长，世界经济的增长速度可以大致说明人类对地球环境施加的压力大小。

推荐导师

《中国国家地理》杂志社社长李栓科

政治秩序的起源

作　者：（美）弗朗西斯·福山

出版社：广西师范大学出版社

出版年：2012年

定　价：68.00元

内容简介

　　成功的现代自由民主制，将强大的国家、法治和负责制政府三种机制结合在稳定的平衡中。那么，这三种机构最初来自何方？是什么力量驱使它们诞生？又在何等条件下得到发展？建立的顺序如何？彼此间有何关系？

　　当代最重要的政治思想家之一弗朗西斯·福山，为我们提供了一幅今日政治机构是如何从历史中发展出来的全面画卷。《政治秩序的起源》（第一卷），把对政治秩序的探讨向前延伸到人类的灵长目祖先，然后依次讲述人类部落社会的出现，第一个现代国家在中国的生长，法治在印度和中东的开始，一直到法国大革命前夕问责制政府在欧洲的发展。《政治秩序的起源》是一次严密的尝试，它力图通过多学科的综合研究，形成对人类历史的概览，建立一个理解政治制度演化的宏大框架。

精彩书摘

　　法律最早来自于宗教、部落习俗，最早的盎格鲁–撒克逊部落，调停血亲复仇的氏族聚会，就是模拟法庭，但那个时候没有传讯、逼迫证人出庭的程序，后来逐步演变为惯例法，具有地方特质。

　　普通法并不是惯例法自发演变而来的，它与早期国家的兴起密切相关。起初各类领主法庭相互竞争，以取得司法生意。随着时间的推移，国王法庭开始占据优势。巡回的国王法庭被视为更为公平，与领主法庭相比，它与本地诉讼人的牵连更少、它们也有程序上的优势，如强迫民众参与陪审团的工作。这是国王与领主相抗衡之下的法庭竞争的结果，也是民众选择的结果。梅兰特和波洛克、梅茵等法律大家均有论述。

　　普通法就是说不特殊，普遍适用。各地的先例适用于全国，即遵循先例的原则。执法的是法官网络，其工作环境是统一的法律系统，比以前拼凑的惯例规则更为系统、更为正式。普通法基于惯例法所订下的先例，但国家权力的兴起，创造了惯例规则不敷使用的全新环境。

推荐导师

MIT斯隆管理学院副院长黄亚生

当代中国问题

作　者：秦晓
出版社：社会科学文献出版社
出版年：2009年
定　价：39.00元

内容简介

　　中国自以巨大的落差遭遇现代性以来，至今已逾160年。在这160多年中，中国人经历了各种持续的动荡和断裂，以及持续的革命和后来极端的社会整合，直到中国经济突然爆发的最近20年。然而，经济突然的大规模增长并不必然伴随着现代性转型的完成，恰恰相反，它反而会加速地暴露其在政治上的需要发展完善之处，这正是马克斯·韦伯在100多年前对德国精英和知识阶层的警告。在我们看来，这个警告也适合今天的中国。对此，一批具有真知灼见的思想者开始进行反思，共同探讨我国在建设现代国家中面临的问题，并将这些讨论集合成册，出版了这本《当代中国问题：现代化还是现代性》，旨在集近30年来实践、研究与探索之成果，寻求对今天中国现代性方案的共识。

在一定意义上，中国的社会转型已变成一个特殊形态的"转型社会"。转型社会有两个特色：第一个是重要性，传统的东西与现代的东西重叠地存在；第二个是多层面性、多形态性，社会主义的东西与资本主义的东西，西方与中国的东西同时杂然呈现。诚然，中国的"转型社会"是由中国的社会转型而来。

我认为，讲中国的社会转型，要分开主旋律与次旋律。依我看，百年来，中国社会转型的主旋律有三。第一个社会转型的主旋律是，从农业社会转向工业社会。近30年来，这个转型，既大且速，但没有完成。今天，中国的农业人口还占总人口的80%左右，但农业产值在全国GDP中已显著减低，远在工业产值之下。从农业社会到工业社会之转型的主旋律，我们常用"工业化"来表述。工业化可以很久，也有多个阶段。在西方，工业化已深化，工业社会已经进入"后工业社会"了。但工业逻辑是一致的。我要说的是，中国的第一个转型还在进行着。

在20世纪，哲学上有一个重大转向，就是本体转向，原来认为人可以研究世界，但人首先要研究自己——你为什么会孤独、异化。人们长期认为思想表达和文化表现的推动以语言来代表，语言是最靠得住的，甚至文字还经过一些设计。但是后来发现语言在不同的环境下，不同人说的意思是不一样的。同样的，文化环境不同，人也是不一样的，产生一个语境的概念。例如，我们这一代人说四个现代化，这就是我们中国标志性的语言。大家想四个现代化从内涵上可以非常丰富，我们却长期停留在现代化的概念上。现代化的理论是马克思的理论，他揭示现代化产生的原因，也揭示现代化产生的问题。在学界一提起现代化、现代性就是一个负面词，后现代是对现代性的批评。我最早和一些人，包括北岛谈这个问题，他都不主张用现代性这个词。但是在中国的话语中，现代化被抽象成一个物质的、财富的概念，并没有一个价值和制度的概念。我认为在中国这两个是构成一个张力的，我们应该从现代化的认识提升到现代性。对此我提出一个命题，中国到底是搞现代化还是搞现代性？还请了一大堆人作评论，最后编写成了这本书。

——博源基金会理事长秦晓

《当代中国问题：现代化还是现代性》一书我也特别要推荐，因为这本书是中国、特别是中国企业界的思想启蒙标志，这是中国启蒙中国的一本书。

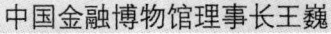中国金融博物馆理事长王巍

第三波

作　者：（美）塞缪尔·P.亨廷顿
出版社：中国人民大学出版社
出版年：2013年
定　价：52.00元

内容简介

本书是已故政治学巨擘亨廷顿的代表作，曾经被赞誉为"民主化的圣经"。

亨氏以20世纪后期一波民主化浪潮为研究对象，总结了19世纪以来三波世界民主化浪潮的进程及其产生的原因，重点分析了20世纪后期重要的，或许也是最为重要的全球性的政治发展：大约有30个国家从非民主政治体制向民主政治体制发生的转型。本书试图解释发生在1974年到1990年间的这一波民主化浪潮发生的原因、方式及其所带来的直接后果。

这本书自面市之后，确实给诸多发展中国家和不发达国家的民权人士提供了思想和理论上的寄托，并且也成为民主革命在文字上的推动剂。但可惜的是进入21世纪以来，西方资本主义国家频繁爆发政治、经济危机，人们开始意识到即使是标榜"自由民主"数百年的西方诸强其实也没有他们宣扬的那样完美无缺，甚至在骨子里和其他国家一般无二，至此这股民主化的浪潮变得更为无力，至于人们原本期待中的"第四波"浪潮更是遥遥无期。

精彩书摘

对民主统治者的失望与幻灭和对威权统治者的怀旧是民主巩固过程中的第一步。这种幻灭与怀旧也标志着精英和公众已经从短暂而快慰的民主化"巅峰"中降下来，并开始适应民主"低谷"中的零乱与沉重。他们了解到，民主建立在政府可能会失灵，因此，必须有制度化的方式来改变政府，这是民主政治赖以存在的前提。民主并不意味着问题必将得到解决；但是它却意味着统治者可以被更换；民主行为的实质是更换统治者，而做到前者却是不可能的。其所产生的幻灭和降低了的期望值正是民主得以稳定的基础。当人们了解到，民主只是为专制问题提供一种解决办法，而未必为所有其他问题提供解决办法时，民主就会变得巩固了。

推荐导师

亨廷顿是一位政治学家。"第三波民主"指的是战后规模比较大的民主浪潮，本书讲到了其中的一些特征和规律。我为什么要看这个？我们只站在中国的角度看世界是不够的，我们恐怕要站在世界的角度看中国。我要看一看第三波民主是什么意思。当然，这里面有很多有意思的理论，比如民主的产生起初是基于一个结构派，需要具备以下基本条件：中产阶级大概多少，对外开放程度多少，人民币汇率多少，教育的程度怎样，然后会产生对民主的需求，这是大家都很熟悉的了。但是后来又产生了危机理论，认为大部分的转型是危机造成的，并不是满足一个结构标准就够了，有的满足了条件但不能转型，有的虽然没满足条件却实现了转型，比如自们很熟悉的中国台湾失去了联合国席位、苏哈托金融风暴，这些我们都看到了。当然，转型之后能不能走上一条好的路、持续的路、稳定的路？这跟结构有关系，如果你开放度不够是不行的。但是亨廷顿讲的有一条非常重要，就是网络对于转型的影响，因为专制政府是纵向的，网络是横向的，一个是比较封闭的，一个是比较开放的，一个是管制的体系，一个是自由的体系，这两个博弈也是很值得关注的事。我们认为要避免革命，应该使我们的体制更加包容。

博源基金会理事长秦晓

思想与乡愁

作　者：崔卫平

出版社：北京航空航天大学出版社

出版年：2010年

定　价：29.00元

内容简介

"人既有尊严与爱，又邪恶；既向往光明与理想，又沉沦及昏暗。"

在今天，应该建立什么样的价值尺度？如何拥有恰当的美学眼光？这两者是否同样重要？能否既是拥有伦理的，也是符合美学的？

《思想与乡愁》探讨的就是以上问题，思索当今应该建立什么样的价值理想，以及如何拥有恰当的现代美学眼光，其中议题包括当代美德、人文精神、人性的幽暗意识、文化现代性、美学与伦理的关系以及知识分子的角色等。

本书对当代价值理想的反思、对人性的思考都站在美学、哲学的高度，其命题和内涵所指向的当代思想文化重建，富于极强的人文价值。

遗憾的是，这本书在文笔结构上颇为晦涩难懂，不过这也是哲学类文章的通性，但对于有志阅读的读者来说事先还是要有心理准备。

精彩书摘

当下"知识分子"这个词包含了更多社会角色的色彩，但是我理解的知识分子首先就是这样的专业劳动者，是在自身的领域中有所建树、有所进展的人们。而一个人一旦在专业上形成训练有素的眼光，他看待其他问题时也可能比较练达和成熟。因为在专业上缺少积累与耐心、在自身领域中站不住脚的人们，当他们对待社会现象发言时，也会摇摇晃晃、底气不足，因缺乏自律而漏洞百出。只花很短时间（一两年）就习得一种新语言而夸夸其谈的人，是比较不能够信任的。专业经验也是一种经验，而今天时代的宠儿仿佛是"理论"而不是"经验"。

当我为已故青年诗人海子一首总共8行诗句的诗篇，写出8000字的细读评论时，一个偶然的机会我读到了哈维尔。因为不关心政治，我虽然知道"苏联解体，东欧剧变"，但是对于谁上台、谁下台这样的事情始终记不住，此前没有听说过哈维尔的名字。我后来知道在20世纪90年代初，有一个手抄本的《无权者的权力》中译本在某个范围内流传，但是我对此一无所知。应该是1993年春天的某日，我从书架上拿下一本一位加拿大朋友读完丢下的红色封面哈维尔著作"Open Letters"时，我不知道此公何许人也。可以肯定，如果已经有人告诉我该书作者是一位总统，我不会去翻开哪怕一页。

推荐导师

联和运通控股有限公司董事长张树新

民主是一种现代生活

作　者：蔡定剑
出版社：社会科学文献出版社
出版年：2010年
定　价：35.00元

内容简介

民主是文明社会的基本价值，是近代政治文明的伟大成果，是不同国家、不同意识形态共识的政治哲学。

民主不仅是一种理论，更是一种实践，民主不仅是一种理想，更是老百姓的生活。

蔡先生在这本小册子中，抛去了所谓国情、民意、社会架构等长期以来桎梏我国民主进程的借口，采用问卷调查、田野观察等科学客观的调研手段，以农民选举的直接案例为佐证，向人们展示了中国的民主进程不仅是大有可为，更是必有所为。

《民主是一种现代生活》像是一副正本清源的明目吉药，阐述了民主的真正价值、民主对经济社会发展的作用、民主的发展形势，对反民主的观点作出了回应。它让你了解什么是真正的民主，我们如何实现民主。

精彩书摘

　　当人们在指责老百姓缺少素质的时候，我怀疑他们是把政治和政治理论知识混为一谈。老百姓可能缺少政治理论知识，但决不缺少民主素质。如果把政治意识理解为纵论国家大事，深谙民主理论，那政治就只是政治学者的事。政治与政治知识、政治理论并不是一回事。列宁说，政治是经济的集中表现。人们为了自己的经济利益建立政治制度，参与政治活动，采取政治行为，政治的实质是一种经济利益，是人们为了保护和争取自己的利益而形成的公共活动。为了保护自身利益而采取的行动就是政治行为。从这个意义上说，任何人都会关心政治，并在必要时积极参与政治，而且必然有能力参与，因为每个有健全理智的人都会知道他自己的利益所在。所以，任何人都不会缺少政治意识，也不会缺少政治参与能力。问题是某种制度安排和政治行为会不会关系到他们的利益，如果与他们的利益没有关系，而他们又无所作为时，他们就只能消极以待。一种好的政治制度就是要使个人利益在社会中得到表达和体现，一种好的选举制度就是能使选举行为与人们的利益建立联系。选举制度的真谛在于能通过公民最广泛的参与，选出代表某种利益的人来。如果这就是政治，我们每个健全的公民都不缺少政治素质，因为他们最知道自己的利益所在，从而会最积极参与政治活动和选举。所以说，认为中国老百姓缺少素质而不能搞民主选举是没有理论和实践根据的。

推荐导师

新东方教育科技集团董事长兼首席执行官俞敏洪

资本主义与二十一世纪

作　者：（美）黄仁宇

出版社：生活·读书·新知三联书店

出版年：2006年

定　价：32.00元

内容简介

　　本书是黄仁宇的代表作之一，其旨在在20世纪末期对资本主义作一个概略的回顾与前瞻，为我们讲解世界现代化发展的历史路径。书中侧重分析资本主义的技术性格，将资本主义综合为一种组织和一种运动。

　　由书中所叙，我们不难发现，即使标榜自由民主人权的资本主义，其在西方发轫之初也难逃流血、冲突、牺牲的宿命。由此可见，今天资本主义强国的兴旺发达其实也是以人民群众的利益为代价的。看当下我国一方面保持社会之稳定，一方面谋求缓慢之变革，可以说是大势所趋、人心所向，更是智慧之举。

　　总的来说，尽管本书着重叙述了西方资本主义的发生发展过程，但却是以其作为中国社会发展的参照系来思考这些问题的，本书的最终目的在于探讨中国社会的性质，及其今后的发展方向。从中，我们不仅可以领略作者"大"历史观的宽阔视野，也可以体会到黄仁宇先生作为海外华人对祖国的款款深情。

精彩书摘

关于威尼斯之衰亡，历史学家至今还有各种不同的争执。传统的解释是1453年土耳其攻陷君士坦丁堡，使基督徒在地中海东部失去了屏障。1488年葡萄牙人又通航经过好望角，兹后截断红海间制售香料的交通，使远东的产品环绕非洲进入西欧。也有些历史学家认为这种过于简化事实的说法都有毛病。地中海的贸易并没有因这两件事情而枯竭。葡萄牙人也没有完全截断红海间的来往。16世纪末期，威尼斯的商业有一段回光返照的局面，与埃及之间的贸易只有增加，没有减退。中欧的矿产也增加生产，通过威尼斯去换取东南的物资。威城的银行也替北欧及意大利各城市转账。威尼斯的商人更出现于很多前未履足的地方，如瑞典及波兰。

还有些人埋怨威尼斯不应当于1400年之后在大陆拓地，陆上的发展就是海上的撤退，顾西则不能顾东。还有作家认为亚德里亚海岸的森林砍伐过度，影响以后威尼斯的造船业。也有人认为威尼斯不应当让雇佣军作战。16世纪之后威尼斯的工业虽有片面的发展，其主权则在外国人手里，威尼斯则因公债和军费累积过多，文艺复兴期间，大量资金用于建筑；没有在产业上投资。也还有人责备威尼斯不能远瞻整个欧洲和整个世界改变的局面，没有用她的力量作未来统一意大利的打算。

132

《资本主义与二十一世纪》是从全球更广的范围内来写的。它从很多国家发展的经验中最后得出一个结论：一个国家要真正成为一个强国、一个富裕的国家，就需要市场经济、法制建设和民主政体的配合。我觉得论证得非常清楚，而且非常有说服力。最近国外的金融危机，使很多人对一些看法有一些动摇，但我感觉国际金融危机并没有动摇我对这本书的评价。

上海金融服务办公室原主任方星海

地球探赜索隐录

作　者：（澳）戴维·R.奥尔德罗伊德
出版社：上海世纪出版集团
出版年：2006年
定　价：45.00元

内容简介

　　人类自肇始以来，就开始了对他们的栖息地——地球——进行探索。

　　本书正是从古代文化开始，从地质学角度出发，论述了人类从古至今对地球的认识。通过对地质学思想史多视角的讨论，特别是通过对盖亚假说的讨论，作者阐述了他的观点：从某种意义上说，地球可以被看作有生命的实体，在宇宙中运行的地球具有生命的根本特征。

精彩书摘

　　仍旧无法理解致使生命形成的化学过程，虽然人们对这个从根本上说来很重要的问题进行了大量的研究。出于本书讨论的目的，在有45亿年历史的行星上，我采用了简单生命形式始于35亿年前，或许多少还更早些的观点，我们将看到，有理由相信，没有生命，我们的地球早在太古宙时就已经枯萎并因此而变成像火星那样毫无生气的行星。

不过，或许还有更深层的意义。生命本身曾经是含氧大气层形成的原因，一旦它作为有着重大意义的地质营力确定下来，通过巨大元素存贮地进行"深呼吸"而能保持稳定的东西是生命、海水和大气。生物圈为各种元素存贮地之间发生的所有变化提供了便利条件。事实上，按照维尔纳茨基的观点，这些变化表现在生物圈功能的所有方面。当摆作很大摆动时，生物圈会以能够维持地球环境条件、使生命得以持续的方式摆动。那么，会不会是这种情况，生命是一种由未知原因而能决定和塑造地球整体的"力"？

推荐导师

《中国国家地理》杂志社社长李栓科

如何改变世界

作　者：（美）戴维·伯恩斯坦
出版社：新星出版社
出版年：2006年
定　价：29.00元

内容简介

　　商业企业家对经济意味着什么，社会企业家对社会变革就意味着什么。戴维·伯恩斯坦写道：他们是那些为理想驱动、有创造力的个体，他们质疑现状、开拓新机遇、拒绝放弃，最后要重建一个更好的世界。

　　《如何改变世界：社会企业家与新思想的威力》讲述的就是这些卓越个体——有些来自美国，其他则来自从巴西到匈牙利等许多国家——引人入胜的故事，为民营部门提供了一本"卓越指南"。在美国，一个叫J.B.施莱姆的男人帮助了数以千计的来自低收入家庭的中学生进入大学。在南非，一个叫维洛尼卡·霍萨的女人发展出一种以家庭为基础的艾滋病病人护理模式，改变了政府的卫生医疗政策。在巴西，因为法维奥·罗萨的努力，数以十万计的边远农村居民用上了电。还有美国人詹姆斯·格兰特领导和"行销"了一场全球儿童免疫运动，挽救了2500万个生命，也因此为自己树立了声望。

这些非凡的故事让我们看到了一个没有被媒体大量报道的巨大变革：环顾世界，社会中成长最快的部分是民营部门，同时数以百万计的普通人——社会企业家们——正在越来越多地涉足到政府和企业已经失败的地方去解决问题。正如其标题所显示的，《如何改变世界：社会企业家与新思想的威力》要告诉我们的是，凭着决心和创造精神，个人也能够创造出非凡成就。对那些追求在世上留下一个正面印记的人而言，这既是一本激励读物，也是一本无价的行动指南。它将改变你看世界的方式。

精彩书摘

在不到两代人的时间里，人口的增长与全球经济结构的变化，使所有地区的人们的生活模式都发生了转变。这些变化中最明显的是人口的大量迁移。发展中国家的城市人口从1950年的3亿激增到1990年的15亿，到2025年会达到44亿。

世界上的大多数居民不再指望在小城镇或乡村里安居终生了，那里曾经是变化缓慢的地方，家庭保持完整，人们从不离家远迁，而且不用离家就可以获得谋生的技能。在现代的世界里，青年们必须具备适应新的环境的信心，获得管理和应用信息的能力，并且要具有在多样性群体中工作的敏感性。

因此，由社会赖以教育、引导、保护和激励年轻人的所有那些体系与价值确认的惯例，都必须被重新设计了。这正是许多伙伴——彼此间互相独立的——已经在应对的同一挑战。

推荐导师

有一本书我推荐的叫《如何改变世界：社会企业家与新思想的威力》，这是一本管理学的书，它告诉我们事实上只要我们去努力，每个人都可以成为改变世界的力量。

——民进中央副主席朱永新

理性的胜利

作　者：（美）罗德尼·斯达克

出版社：复旦大学出版社

出版年：2011年

定　价：28.00元

内容简介

是什么导致了西方的成功，让它在世界上独领风骚？这是人们一直在研究的问题。

改革发展中的中国或其他国家的学者们从历史、政治、经济和文化各个角度，研究了所有能研究的东西。起初，各界公认的原因是西方列强的枪炮更厉害，所以才敲开了闭关锁国的大门。接着，又认为他们有更好的政治制度。随后，关注的核心转移到了经济制度。但是在最近20年里，人们终于认识到了，西方的成功源自它们的宗教——基督教。

也许就像罗德尼·斯达克在《理性的胜利——基督教与西方文明》中所说的那样，基督教是唯一推崇理性的宗教。正是这种对理性的信仰，推动了科学研究、个人自由和资本主义的发展。若是人们仔细地重温中世纪以来的西方历史，就更会发现西方文明的成功完全植根于基督教的土壤之中。

如果现在基督教与现代化无关，为什么它还在迅速地传播呢？事实上，基督教全球化的速度要远远超过民主、资本主义和现代性。拉丁美洲的宗教革命不但是新教化，更是基督教化，大多数新皈依的拉美新教徒以前并不是真正的天主教徒。非洲正在迅速地传播基督教，以至于撒哈拉以南信奉英国国教的人数超过了英国和北美，更不用说数以千万计刚刚皈依浸信会、五旬节、罗马天主教的信徒，以及当地新教派别的成员——撒哈拉以南的非洲人大约有一半是基督徒。

人们之所以信仰基督教有多种理由，包括它能提供感情上和存在上的深刻满足。但是另外一个重要的因素是，它诉诸理性，与西方文明的崛起有不可分割的联系。

市场经济情况下可能由于地震、海啸死人，但是你没有听过市场经济国家有饥荒饿死人。市场是真正帮助普通人的制度。为什么中国没有发起这种自由思想？这个我没法解释。我推荐大家看一本书——《理性的胜利——基督教与西方文明》。基督教的教义里本身包含了理性，包含着对进步的假设，包含着对宗教教义不断的、新的解释。个人主义、自由都是在那个文化下发展出来的，产权的概念也是在那个文化下发展起来的。有一位神学家奥古斯丁，他对产权讲得非常明确，并且他有一个例子，讲了为什么政府有时候会用强盗的逻辑解决问题。有这么一个故事，国王抓了一个海盗，问他："你为什么当海盗？"他说："你问我，其实你跟我一样，唯一不一样的是我只有一艘船，你领导着好多船，你就是国王，我就是海盗。"同样的意思，其实在庄子的书里也谈到了，你偷一个小东西是犯法了，但是如果你偷了整个国家，你就变成了国君。这个非常有意思。我还是要强调这种观念——甚至宗教文化——对一个国家的发展也是非常重要的。

知名经济学家张维迎

论美国的民主

作　者：(法)托克维尔
出版社：商务印书馆
出版年：1989年
定　价：68.00元

内容简介

《论美国的民主》1835年问世于法国，是研究美国民主的最经典著作。这部作品刚刚出版就受到普遍好评，也使年仅25岁的作者托克维尔名扬海外。

当全世界对"民主"这一新奇的观念或制度仍然存在幻想、误解及恐惧时，托克维尔却以超越时代的真知灼见阐述了民主的是非利弊，将美国的社会状况、哲学观念、宗教思想等与以英法为代表的西欧国家进行对比，探讨了如何以美国为参照，从本国现状出发，建成民主制度。

《论美国的民主》是世界学术界第一部对美国社会、政治制度和民情进行社会学研究的著作，它也是一本论述民主制度的专著，托克维尔在这部著作里阐述了他的政治哲学的基本原理，以及他对平等与自由的关系的观点。托克维尔还在这部著作里作出了一些极为著名而且后来果真应验的预测。这些预测的一次次应验，引发了一波又一波研究托克维尔的热潮。

其实，无论是精彩的叙述还是深刻的思辨，都使《论美国的民主》成为一部值得反复研读的著作，因为每一次阅读都能够给读者以新的感悟。

精彩书摘

我承认，我对民主社会的担心，主要的不是人们欲望的过大，而是它的平凡。因此，我觉得最可怕的是：在人们不断忙于私人生活的琐碎小事当中，使奋进之心失去其推动作用和崇高目标；人们的激情既没有昂扬又没有低落，结果使社会一天一天地走向看来十分安宁但缺乏大志的状态。

因此我认为，现代社会的领袖们要想使公民们躺在非常单调和非常平静的幸福上睡大觉，那将是错误的；他们应当让公民们时常做一些艰险的事业，以便激发他们的奋进之心和为他们提供大显身手的舞台。

道德家们经常埋怨说，现代人的主要恶习就是骄傲。

从某种意义上来说，这样说是对的，因为实际上没有一个人不认为自己比别人好，没有一个人愿意服从他的上司；但是，从另一个意义来讲，这样说又是非常错误的，因为同一个人可能既不愿意忍受从属的地位，又不愿意享受平等的地位，但他可能自卑，以为自己只能享受通俗的乐趣。他自愿止步于平凡的欲求，不敢涉足于高大的事业，而且连想也不想。

因此，我不认为应当让我们的同时代人学习谦逊，而希望他们以更高的标准要求自己和他人。谦逊对他们是无益的，我认为最缺少的是骄傲。我宁愿让出我们的若干小小的美德，来换这个恶习。

推荐导师

上海大学历史系教授朱学勤

书斋里的革命

作　者：朱学勤

出版社：云南人民出版社

出版年：2006年

定　价：28.00元

内容简介

这本书是著名学者朱学勤的随笔集，初版于1999年。一经出版后，在知识界引起的反响，犹如京东商城高调宣布今天图书全场半价，又或者领导突然指示要给大家福利分房，令无数旁观者心潮澎湃。

本书对于20世纪八九十年代思想界的事件，如"文化决定论""二王之争""新左派与自由主义之争"等情况作了鞭辟入里的论述，对卢梭、托马斯·潘恩、以赛亚·伯林和顾准的思想作了极有见地的分析，也不乏"'娘希匹'与'省军级'"等行文幽默而写尽荒诞的妙文。

书如其名，《书斋里的革命》收录的只是自由主义学者朱学勤的随笔和一些学术性文章，若你想通过此书寻找出一个自由主义者的心路轨迹或者在字里行间发展出一套"自由主义"理论，那本书的价值无疑就打了很大的折扣。但另一方面，尽管全书只围绕文坛中的三三两两开展，但犀利沉痛的文化批评却又让人不得不心生遐想，觉得作者另有所指。

总之，朱学勤先生凭借这本小册子，奠定了自己自由主义大师的历史地位。

精彩书摘

在中国特定的语言环境里，要问它是什么，首先要从它不是什么说起。

自由主义首先不是"自由化"，以往被称作"自由化"的内涵要么与它不相干，要么是对它的歪曲。其次，它也不是如毛泽东早年在"反对自由主义"那篇名文中所描述的那一类：迟到早退，背后议论，或者随地吐痰。然后，它还不是最新出现的一种时髦说法："如果它是一种多元化的宽容态度，那么我就同意"。多元化也罢，宽容也罢，第一应该针对权势而言，同时也是每一种学说与其他学说睦邻相处的外部规则。这一规则不仅对自由主义有效，也对其他正常学说有效。因此，如果只谈论每一种正常学说都应遵守的外部规则，并以此作为取舍的标准，那么你就不必只取舍自由主义，你可以同时同地同意无数种学说。"我不同意你的意见，但我坚决捍卫你发表意见的权力"，这是自由主义的名言，但是这一态度是为了保护各种学说能够充分发展自己的那"一元"，以形成"多元化"的总体景观。如果要求每一种学说都以这样的外部规则来取代自己的内部结构，那就无异于抹平差异，劝说每一种学说即时自杀。每"一元"的自杀，其总体效果则是"多元化"的自杀。专制能扼杀多元化，以一种泡沫语言目无定睛地奢谈"多元化"，同样能扼杀多元化。

那么自由主义究竟是什么？

它首先是一种学理，然后是一种现实要求。它的哲学观是经验主义，与先验主义相对而立；它的历史观是试错演进理论，与各种形式的历史决定论相对而立；它的变革观是渐进主义的扩展演化，与激进主义的人为建构相对而立。它在经济上要求市场机制，与计划体制相对而立；它在政治上要求代议制民主和宪政法治，既反对个人或少数人专制，也反对多数人以"公意"的名义实行群众专政；在伦理上它要求保障个人价值，认为各种价值化约到最后，个人不能化约，不能被牺牲为任何抽象目的的工具。

推荐导师

上海大学历史系教授朱学勤

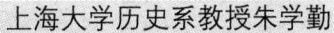

历史篇

林肯与劲敌幕僚

作　者：（美）多丽丝·科恩斯·古德温

出版社：上海人民出版社

出版年：2010年

定　价：58.00元

内容简介

　　"也许林肯在达到自己高尚目的的过程中使用的手段并不都是纯洁的，但不可否认的是，他一直怀有一颗高尚的心。"

　　在一个个纠结的历史关头，正方和反方的力量同等强大，林肯怎么选择朋友？怎么选择政治立场？怎么处理与敌人的关系？

　　《林肯与劲敌幕僚》就是这样一本传记故事，它向我们讲述了一个关于林肯和他生活的整个时代的故事。有别于以往个人传记作品中独角戏的安排，在这本书中林肯被放在同时代最杰出的政治家群体中去对比、描摹和刻画。而正是因为有了这些强劲的竞争对手，林肯显得更加崇高、丰满且富有立体感。这是迄今为止，所有的林肯传记中无人尝试过的写法，却带领我们更好地认识了这个不朽的伟人。

　　玛丽·林肯始终没有能从丈夫去世遭受的打击中恢复过来。回到伊利诺伊州之后，她向伊丽莎白·布莱尔·李表露说，"每天早上，我从辗转反侧中醒来，新的一天在我看来如此悲惨，如此难过，实在令人难以为继。"她对儿子的家庭教师说：倘若不是为了她的"宝贝塔德"，她"会很乐意拥抱死亡"。

　　母子二人几乎难以分离。用约翰·海伊的话来讲，塔德与玛丽一起前往欧洲旅行时，表现出"超乎他那年龄的那份专注和柔情"。回到美国不久，塔德患上了医生称之为"心脏受压"的疾病，于两个月后去世，年仅18岁。约翰·海伊为《纽约先驱报》撰写了一篇颇为感人的讣闻。他写道："几个星期前曾与母亲一起途经纽约的这位谦逊而诚恳的年轻人，除了他那悲痛万分的朋友们之外，无人知晓。但是，任何一位活着的人，只要他亲身经历过四年来以华盛顿为中心的几次风云变迁，那么他们就会记得'小塔德'。他曾经是那样充满青春活力，生机盎然——内心健康开朗，乐观向上，他的各种恶作剧和异想天开的冒险精神，让整个白宫都充满了生气。"

推荐导师

　　有一部斯皮尔伯格导演的电影就是根据这部传记改编的。如果你想了解美国，可以看看这部传记。它描述了两党之间的纷争，还介绍了美国的法案是经过怎样的程序获得通过的。

——著名记者、主持人闾丘露薇

剑桥中国史

作　者：（美）费正清／（英）崔瑞德，等
出版社：中国社会科学出版社
出版年：2012年
定　价：999.00元（全11卷）

内容简介

　　《剑桥中国史》是一部完全由西方学者撰写的中国历史画卷，沿袭西方汉学研究一贯坚持的严谨作风，广泛引用文献材料，注重文献的辨伪和考订。由于东西方历史文化的差异，该书在许多历史问题上提出了新的观点和质疑，这其中有的问题是我们早已习以为常而从没有考虑过的。费正清先生担任了全书主编，他准确地把握了全书的体系架构和叙事逻辑，展现了诸多来自于另外一种世界观和价值观的思考。整套丛书共15卷，分成17册，以秦汉史开篇，至中华人民共和国史（1982年）完结。目前已经出版13卷，中国社会科学出版社已经翻译出版了其中的11卷。

精彩书摘

  中国统治阶级至高无上的地位是从远古时代沿袭下来的。武士——统治者和在行政中协助他们记事的书吏（文人）的作用，在商代中国社会开始时已明显地表现出来。上层阶级的优秀人物和老百姓中的普通人出现在周代的典籍中。天子君临天下的权力和他的官僚的施政，在汉代已经牢固地确立了。统治阶级的大厦逐步被建立起来，这个大厦是以儒家准则的哲学前提为基础，并被科举制度规定的许多做法所支撑。明清两代有功名的绅士阶级终于出现，这是中国社会史上最为人所知的事，这个阶级被灌输了忠君思想，并且受到了支撑社会—政治秩序的训练。大部分的记载（几乎全部用统治阶级观点写成），说明了不到总人口5%的士大夫阶层，是如何全面地统治中国社会中军事、商业和其他所有集团的。

  每个思想正常的中国人都力图维护的这种秩序包括妇女听从男人，年轻的听从年长的，个人听从家庭，农民和士兵听从有功名的学者，整个社会听从帝国的官僚集团。这种统治因为有很大的灵活性而更加持久，灵活性表现在允许农民买地，让所有男人竞相参加考试，承认母亲和岳母不能撇开不管，容许商人捐纳而进入有功名者的阶级。总之，统治阶级懂得如何通过吸收中国社会的有才之士而使自己永久存在下去。

推荐导师

  从西方的角度解读，中国历史会变的不一样。《剑桥中国史》是从他们的角度讨论中国的问题，我们看中国史已经很多，而外国人看待中国史会是什么样，会给我们很多的启发。像比较早的有隋唐史、晚清史，晚清史后面有一册是跟民国相关的。特别值得推荐的是这套书后面有两册是《剑桥中华人民共和国史》，上下两册，可以看到他们是怎么看待1949年以后的历史。这本书全景展现了中国社会当时各个方面的状态，读了以后会有新的感触，从历史看全球更有感触。

中国银行首席经济学家曹远征

近代中国史纲

作　者：郭廷以
出版社：格致出版社
出版年：2009年
定　价：66.00元

内容简介

　　郭廷以，我国台湾一代史学宗师，深受傅斯年、罗家伦治史风格之影响，是著名的"南港学派"的创立者。

　　本书是郭先生晚年的重要著作，从公元前三世纪中国与国外的交通谈起，简述昂扬之辉煌盛世如何被历史的大势推至"数千年未有之变局"。进而用十九章，六十万言的篇幅，细述偌大一个中国如何在内外交迫的情势下，经历了百余年的震荡、动乱及嬗变。作者悉心描摹了其间中外力量之角力、中央和地方权力之消长，及权势人物和社会精英在政治、外交等领域的种种图存之努力，为读者提供了中国近现代社会的完整图景。

　　本书选取的历史事件和叙述结构，看似与市面上通行的近现代史教科书出入不大，但作者没有意识形态偏见，旁征博引，极严谨而客观。作者一切以材料说话，不轻易表明自己的观点，而在少数流露个人喜好之处，仅寥寥数语，却又极传神。

精彩书摘

任何民族的命运，胥决之于其对于时代环境的适应力，亦即决之于文化。文化的形成有发之于一己者，有得之于人者，后者的重要性尤大于前者。集思方可广益，有容乃能致大。文化为人群谋求生存与生活需要的产物，各民族的处境不尽相同，因之所成各有局限。迨活动范围扩大，见闻增广，人之所长，或为我之所短，如能予以接纳，不惟生存安全无虞，生活亦可随之改进。否则世异势移，在彼此角逐之下，往往为盛衰所系，必须急起直追，纵不能后来居上，最少可并驾齐驱。

中国为最尊重文化的民族，且有兼容并蓄的襟怀与理想，华夷之分，只是以文化或生活方式为准，非因血统而异。远方时代，中国的文化成就比较丰厚，号称华夏，含有美好与博大之意。如他族亦有其文化，则等视齐观，既不排外，亦不自大。

中国民族一面创造自己的文化，并予以推广，一面接纳外来的文化而予以发扬。西元前三世纪以前，中国文化亦包含若干中亚及西亚的成分。不过当时中国与域外的关系，究属有限。是后情势大异，中国出现一个前所未有的统一帝国，气象非凡，特别是在汉代。初期颇受来自北方草原，以战斗为国的匈奴的欺侮。西元前二世纪，雄才大略、英年有为的汉武帝，为了自卫雪耻，决定联好与国，加以膺惩，于是有张骞的出使西域，主动的与外国结交。张骞亲自到过的有中亚诸国，间接得知的有西南亚及地中海沿岸诸国，汉先后与之通使联婚。史学家班固曾说："圣主制御蛮夷，来则惩而御之，去则备而守之，其慕义贡献则接之以礼让，羁縻不绝。”这就是汉代的外交政策。

推荐导师

我国台湾的《近代中国史纲》，规模不是很大，就是上下两册，里面没有更多新的观念，也是在大的世界背景下观察中国怎么从明清以来变化过来的，但没有后来的意识形态。

中国社会科学院近代史所研究员马勇

全球通史

作　者：（美）斯塔夫里阿诺斯
出版社：北京大学出版社
出版年：2012年
定　价：168.00元

内容简介

斯塔夫里阿诺斯的这部潜心力作自1970年初版问世以来，赞誉如潮，被译成多种语言流传于世，可谓经典之中的经典。

本书分八个部分，四十四个章节，主要讲述了世界历史的进化、世界文明的发展及其对现代社会的影响。作者着眼于全球历史的进程，侧重于那些有影响的、促进历史发展的历史事件。全书包括了原始社会、欧亚大陆的古代文明、欧亚大陆的原始文明、欧亚以外的世界、地区分割后的世界、西方世界的崛起、西方人统治的世界、西方的衰落与成功等八个主要的部分。

但和所有的西方哲学家一样，作者在文笔间不自觉地流露出了文化背景的偏向性，也许这一点是斯氏自己亦没有意识到的。实际上，仅从斯塔夫里阿诺斯关于华夏文明以及亚洲文明的描写上来看，其存在着大量偏颇之处。

精彩书摘

　　人们历来把中国历史解释成是一再重复的王朝循环史，这一传统的说法掩蔽了某些时期在循环表象背后发生的一些根本性变化。当然，诸王朝的兴亡确是呈循环式。凡是王朝的创立者总是一个有才干、有魄力的活动家，但是几代以后，在宫廷环境中成长起来的其子孙后裔，很可能变得软弱无能、放荡不羁。虽然有时会出现一个强悍的统治者或一个能干、忠诚的大臣来设法阻挡这种堕落，但总的趋向是朝下坡路走，直到成功的起义推翻王朝，重新开始大家所熟悉的循环。

　　不过，比王朝循环更为根本的是所谓的经济管理的循环。这种循环是从每个重要王朝刚建立时所共有的安宁和繁荣开始的。社会安定的恢复导致人口的增加和生产规模的扩大，从而相应地使收入增多、国库充实。但是，个人野心、家族影响和制度的压力这三者的结合必然迟早会使皇帝们去承担过多的义务。他们将人力和财力分散到公路、运河、防御工事、宫殿、宫廷铺张和边疆战争上。因而，每个王朝在它建立约100年后都开始面临财政上的种种困难。

　　为了弥补亏空，政府提高赋税，赋税大部分沉重地压在中国社会的主要成分——自耕农头上。每个朝代开始时，自耕农总是占农民的大多数。但是，随着赋税的增加，他们愈来愈被迫将自己的小块土地让与大地主，而自己则沦为佃农。地主凭借与他们的财产相当的政治影响，只缴纳微不足道的税，所以他们占有的土地愈多，政府的岁入愈下降，落在数目日趋减少的自耕农头上的赋税愈增加。这样，形成一个恶性循环——赋税增加，岁入下降，公路和沟渠的整修被忽视，生产率下降，最后是饥荒、盗匪活动和全面的农民起义。在这同时，边防可能也被忽略，招致游牧部落越境前来劫掠。常常正是这种内乱和外侵的结合，使摇摇欲坠的王朝溃灭，为新的开端扫清道路。

推荐导师

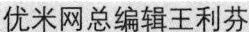

优米网总编辑王利芬

时间简史

作　者：（英）史蒂芬·霍金

出版社：湖南科学技术出版社

出版年：2010年

定　价：45.00元

内容简介

时间有初始吗？它又将在何地终结呢？宇宙是无限的还是有限的？

史蒂芬·霍金这个号称继爱因斯坦以来最杰出的理论物理学家试图在这本书里解答这一系列的问题。

作为一本飨以读者宇宙学的最新理解的经典著作，《时间简史》在1998年首版以来的岁月里，已成为全球科学著作的里程碑。它被翻译成40种文字，销售了1000万册，成为国际出版史上的奇观。

或许这是因为这本书出于一个对人类思想有杰出贡献者之手，这是一本对知识无限追求之作，是对时空本质之谜不懈探讨之作。

如果宇宙确实是空间无限，或者如果存在无限多宇宙，则就会存在某些从光滑和一致的形态开始演化的大的区域。这有一点像著名的一大群猴子敲打打字机的故事——它们大部分所写的都是废话。但是纯粹由于偶然，它们可能碰巧打出莎士比亚的一首短诗。类似地，在宇宙的情形，是否我们可能刚好生活在一个光滑和一致的区域里呢？初看起来，这是非常不可能的，因为这样光滑的区域比紊乱的无序的区域少得多得多。然而，假定只有在光滑的区域里星系、恒星才能形成，才能有合适的条件，让像我们这样的复杂的、有能力质疑为什么宇宙是如此光滑的问题、能自然复制的组织得以存在。这就是被称为人择原理的一个应用例子。人择原理可以释义为：我们看到的宇宙之所以是这个样子，乃是因为我们的存在。

为什么推荐《时间简史》？因为它是从现代物理学的前沿出发，是一个思维的挑战。比如我们说大爆炸宇宙学，它讲宇宙是从一个极小的极点突然爆炸膨胀。这马上带来了一个问题，如果是这样，宇宙有始有终吗？以前时间会不会繁衍？同样，未来这个世界是无限膨胀下去还是会压缩？当然，这会在你的思想中提出很大的挑战。与此同时，随着理论的延伸你会发现，在《果壳中的宇宙》或《大设计》中有很多的空间，我们一般人想象是四维空间。现在科学证明有11个空间存在，空间是被卷曲的。在某种意义上说，在我们现实的宇宙之外还有一个平行的宇宙，这个宇宙只是那个宇宙的反射，或者那个宇宙是这个宇宙的反射。这对我们人类的思维提出了极大的挑战，我想这种挑战也是读书的乐趣。

中国银行首席经济学家曹远征

霍金的书我也看了，《时间简史》写得确实好，是一部哲学的著作，可以帮助你回答、思考很多哲学、宗教的问题。读这本书知识面一定要宽，包括哲学、美学、历史、经济。"读万卷书，行万里路"，这是中国古人的话。另外一句话叫作"手不释卷"，如果一天不看书就没有收获，人的学习是一辈子的事情，而且人的学习是每分每秒的事情，手里拿一本书我发现真的是开卷有益。我记得有一次在上飞机之前抄了一本书，讲中国古代的风俗习惯的，翻了两页马上就使我对于中国古代社会获得了一种历史的场景感。历史不是事实和年份的堆砌，历史是事件的发生，是由活生生的人参与其中的。所以你要读历史的话，就要有一种历史感，要能设身处地想想当时的场景，这些杂书对于学历史非常有帮助。我没有发现什么书是没用的——除了××战争之类的书，那是垃圾——你读了总有收获，只要作者是认真的学者，他是在写书，他知道自己在说什么，他有一个负责任的态度。

中欧国际工商学院经济学与金融学教授许小年

西方哲学史

作　者：（英）罗素
出版社：北京出版社
出版年：2007年
定　价：21.80元

内容简介

　　《西方哲学史》有数个作家的数个版本，其中最为普通人所称道的就是罗素先生的这个版本，因为大家都能看得懂。

　　罗素先生自己也很满意这部作品，　1950年他被授予诺贝尔奖时，其被列举为获奖因素之一，并在获奖演说中两次提及该书。而该书自1945年在美国出版后，多次重印，也成为少有的在商业上大获成功的专业学术书籍，还给罗素生命的最后二十五年带来了稳定的财源，也间接成为他学术水平止步不前的重要原因。

　　这本书的特点在于，它是在哲学与社会生活的相互作用和密切联系中讲述西方哲学发展的历史，而不是单纯地讲西方哲学自身的发展，不是讲纯哲学概念或哲学问题的发展。罗素认为，哲学是社会政治生活的一部分，哲学家的学说不是个人孤立思考的结果。因而，他在本书中，总是试图把每一个哲学家看作是时代的产物，又考察他们对时代的影响。

我们的问题是：什么是哲学家？第一个答案是与字源学相符合的，即哲学家是个爱智慧的人。但这与一个好奇的人也可以说是个爱知识的人的那种意义上的爱知识的人，并不是同一回事；庸俗的好奇心并不能使人成为哲学家。因此，这个定义就应该改正为：哲学家是一个爱"洞见真理"的人，但是这种洞见又是什么呢？假设有一个人爱好美的事物，他决心去看一切的新悲剧，去看一切的新图画，去听一切的新音乐。这样的一个人并不就是一个哲学家，因为他只不过爱好美的事物，而哲学家则是爱着美的自身。仅仅爱美的事物的那个人是在做梦，而认识绝对的美的那个人则是清醒的；前者只不过有意见，而后者则有知识。

《西方哲学史》的作者是罗素，我觉得人要有一个完整的哲学思维，并且知道世界上哲学思维的发展方向。对于中国人来说，中国人的哲学思维大家可以很直观地了解，比如《论语》的哲学思维、《道德经》的哲学思维，你耳濡目染，或多或少对中国人的直觉性哲学思维是有感悟的。西方社会的发展逻辑是按照哲学逻辑发展，并不是照着直觉逻辑发展。从最古老的古希腊哲学开始，从柏拉图、亚里士多德开始，到数学家毕达哥拉斯背后也隐含了很多哲学思维。罗素在这方面是一个大家，他可以把这些思维用比较简单的、符合大家阅读的思维写出来。我为什么没有推荐黑格尔的《哲学思想论》和康德的《三大批判》，是因为那些书太难懂。

我觉得从一个理性的角度来说，了解西方的哲学思维，可以帮助我们了解整个西方世界，了解西方世界所发生的各种各样的事情，使我们对于现在的民主、自由、平等，及其背后的理念和依据有一个初步的了解。这本书可以串起一连串对西方哲学社会产生影响力的著作，这些著作可以让你辨别自己对哪一段的哲学思想和历史感兴趣，可以通过罗素的提示寻找这方面的书。

新东方教育科技集团董事长兼首席执行官俞敏洪

太平洋战争

作　者：(日)山冈庄八

出版社：金城出版社

出版年：2011年

定　价：39.80元

内容简介

　　《太平洋战争》是日本通俗历史小说之神——山冈庄八的封笔大作。

　　1941年12月7日，日本海空军突然袭击珍珠港，美国太平洋舰队遭受重大损失，太平洋战争也由此爆发。这场举世瞩目的战争历时3年零4个月，交战双方动员兵力在6000万以上，伤亡和损失难以统计，更留下了"地狱之岛""神风特工队""1亿日本人玉碎"等令人不忍回想的场景。

　　日本作家山冈庄八曾亲历太平洋战争，见证了血雨腥风的岁月。战后，这位名声远播的通俗历史小说家利用10年时间，以90万字洋洋洒洒地再现了这段战争历史，也将其作为自己的封笔之作。

　　面对历史，面对战争，当年交战各国曾有的对错已经无法更改，只留下后来者在沉重的历史画卷中哀叹曾经的过往。

日本就是一艘巨大的舰艇，在日本号上有将近一亿的日本人。而现在日本这艘巨大的舰艇正在逐渐沉没……作者认为，海军的上层部也都是这么想的吧。

当然，海军上层部的想法并不是一般的战败思想，而只是认为日本没有胜算。既然日本这艘巨大的船舶正在逐渐沉没，作为舰长就必须要尽最大可能拯救"船上"的乘客。

可是，谁都不能说出日本没有胜算的事实。因为这违背了日本海军"不干涉政治""恪守沉默"的传统。

在这种情况下，日本海军的高层们在默默地考虑着什么呢？

日本海军上层部认为，失去了大部分舰艇的日本，早已没有胜算，应该让乘客"国民"撤离战争这艘大"船"。但作为"舰长"则必须坚持到最后的时刻……

推荐导师

《太平洋战争》，这是一本日本20世纪70年代非常著名的连载著作，作者从日本人的角度研究太平洋战争。尽管他很多的视角我们是不赞成的，但是毕竟是从日本的角度看待这个问题。日本人的梦想是大东亚共荣圈，讲究亚洲的精神、亚洲的主义、亚洲的价值。与此同时，这本书上描述最有意思的是，日本人自知打不过美国，但是他们一定要打美国，作者写出了他们决策的背景。阅读这本书，对于了解我们这个地区，特别是了解第二次世界大战以后这样一个世界是怎么形成的是有帮助的。

——中国银行首席经济学家曹远征

倒转 "红轮"

作　者：金雁
出版社：北京大学出版社
出版年：2012年
定　价：68.00元

内容简介

20世纪初，俄罗斯哲学家罗扎诺夫和他所属的路标派形象地将俄罗斯正在经历的现代化道路比喻为一个巨大的红色车轮。这个无可阻挡的红色车轮"最终使俄罗斯走进了政治社会的死胡同，俄罗斯走进了不应该进去的胡同"，只留下一群沉寂的旁观者在大声呼唤着"倒转吧，回转吧，国家！"

本书的作者金雁先生就以此为切入点，在十章的内容中，采用由近而远的倒叙方式，把俄国历史上几个典型的知识群体产生、发展、消亡的过程作了独到的解释，另外还对两个不同时期知识分子的代表人物——索尔仁尼琴和高尔基进行了个案研究。

本书在出版后，获得了学术界和思想界的好评，也获评了"2012年度中国十大好书"的称号，展现出当下对这类有思想、有深度的图书的厚爱与追捧。

精彩书摘

众所周知，"激进主义"便意味着摒弃渐进改革，反对妥协让步，强调与过去"决裂"，对现存秩序和现存社会制度持强烈否定态度，急切地希望对社会进行根本性的变革。最常见的就是以革命暴力方式彻底颠覆旧的国家体制而重建一个新社会。俄国激进主义（Радикализм）在19世纪60年代涌起，那时思想界认为俄国文化已经和统治阶级话语霸权绑在一起，只能以批判否定作为武器，于是激进地提出"不要调和！""不要改革！"在社会领域里要坚持"斧头"原则。随后在俄国兴起了一股平民阶层扫荡一切的"旋风效应"，他们相信，只要激进地用革命推翻了旧制度，再以理性规划社会生活，人类就会有一种"空前灿烂、基础全新而且坚不可摧"的美妙生活。被称为"一元论先驱"的皮萨列夫（1840—1868）就说过："能打碎的就打碎，经得起打碎的就是好的，打碎了的则是一堆废物，不管怎样要大打一场，这不会有害处，也不可能有害处。"别林斯基则说："否定就是我的上帝！"

激进主义导致了俄国知识界的大分裂，催生了民粹主义，此后它"又换了一种形式进入到列宁主义中来"。列宁直接把皮萨列夫、别林斯基、车尔尼雪夫斯基与杜勃罗留波夫奉为"俄国社会民主主义运动的先驱"。托洛茨基承认："我们的先辈没有注重创造……可使我们的革命变得温和一些的民主条件"，于是新俄国、新生活就在痛苦、磨难和血腥中诞生了。在激进主义思潮的影响下，苏联模式最后在国家主导的快速追赶潮流中断送了70多年的社会主义制度。因此，反思"激进主义"成为近年来俄罗斯学术界谈论最多的话题之一。比如撰写《俄罗斯文化史》的格奥尔吉耶娃就认为："革命解放运动所固有的这种极端主义思想，是俄罗斯整个民主运动遭到失败的主要原因。"

推荐导师

博源基金会总干事、瑞银投资银行副主席何迪

万历十五年

作　者：（美）黄仁宇

出版社：生活·读书·新知三联书店

出版年：1997年

定　价：18.00元

内容简介

　　《万历十五年》是黄仁宇的成名之作，也是他的代表作之一，更是少有的在世界文坛获得肯定的中国史学作品。英文原本推出后，被美国多所大学采用为教科书，并两次获得美国书卷奖历史类好书的提名。

　　万历十五年，亦即公元1587年，在西欧历史上为西班牙舰队全部出动征英的前一年；而在中国，这平平淡淡的一年中，发生了若干为历史学家所易于忽视的事件。这些事件，表面看来虽似末端小节，但实质上却是以前发生大事的症结，也是将在以后掀起波澜的机缘，而这其间的关系因果，恰为历史的重点。这本书融会了作为历史学家的黄仁宇数十年的人生经历与治学体会，并首次以"大历史观"分析明代社会之症结，观察现代中国之来路，给人启发良多。

当一个人口众多的国家，各人行动全凭儒家简单粗浅而又无法固定的原则所限制，而法律又缺乏创造性，则其社会发展的程度，必然受到限制。即便是宗旨善良，也不能补助技术之不及。1587年，是为万历十五年，丁亥次岁，表面上似乎是四海升平，无事可记，实际上我们的大明帝国却已经走到了它发展的尽头。在这个时候，皇帝的励精图治或者宴安耽乐，首辅的独裁或者调和，高级将领的富于创造或者习于苟安，文官的廉洁奉公或者贪污舞弊，思想家的极端进步或者绝对保守，最后的结果，都是无分善恶，统统不能在事业上取得有意义的发展，有的身败，有的名裂，还有的人则身败而兼名裂。因此我们的故事只好在这里作悲剧性的结束。万历丁亥年的年鉴，是为历史上一部失败的总记录。

推荐导师

《万历十五年》，它英文的名字也特别好——"什么都没发生的一年"。它把不重要的一年发生的事情全讲出来了，使你对中国的政治和文化了解得特别清楚。我现在还在看黄仁宇先生的传记。看这本书也表明其实我现在始终关心着中国的未

《ILOOK》杂志出版人洪晃

来，我还是相信中国的年轻人是特别优秀的。因为我天天跟年轻人打交道，所以我觉得他们所想到、所要做的事情还是能够改变中国的，能够带来一个非常好的未来。

《万历十五年》的作者黄仁宇是我很推崇的一位历史学家，他以前是国民党军队中的一个下级军官，1949年到了我国台湾，后来从台湾辗转到了美国，真正做学术了。他在密歇根念了历史学博士后又开始教书，所以他对中西都很熟悉。我一共推荐他三本书，《万历十五年》《中国大历史》《资本主义与二十一世纪》。其中《万历十五年》讲的是中国社会到了1587年不能再前进了，像螃蟹一样缠在那里动不了，这本书就解释了中国社会为什么不能再前进了。从黄仁宇先生的这三本书中，大致可以看到中国包括全人类在内前进的方向都是很清楚的。

上海金融服务办公室原主任方星海

图说世界探险史

作　者：（美）纳撒尼尔·哈里斯
出版社：山东画报出版社
出版年：2006年
定　价：65.00元

内容简介

　　今天，当我们提起探险家的时候，总会联想到那些勇敢的冒险者们。他们曾深入到那些不为人知的地区，在克服他们面临的形形色色的艰险时，这些男女英雄们靠的是技巧、常识和勇气，如今，或许还可以借助精密的装备。他们的目标是进行科学探索，或者仅仅是为了享受探知神秘后的狂喜。尽管有些冒险者死在了旅途之中，杳无踪迹和音信，但是仍有无数的后来者踏着他们的足迹前进。

　　也许这是因为人类一直有探索领土的本能。史前时期的猎人会尾随动物群，发现新的区域。安居下来以后，人类探险的强烈欲望仍未消失。尽管旅途艰险，人们仍然踏上迷人的征程，在遥远的地方寻找土地，同那里的人们开展贸易。早期的人类迁移在某些方面是探险史中最伟大的篇章。没有车轮之助，人类只能徒步或乘坐最原始的船只走过漫长的旅途，足迹却也几乎遍布全球。

这本《图说世界探险史》就是对人类探险历程的回顾，它以通俗的语言、丰富的图片和特别绘制的地图栩栩如生地讲述了人类探险的历史——从最早的探险开始，一直到20世纪的太空与海底探险，包括了人类探险史上所有的重要人物与重大事件。

精彩书摘

阿拉伯海的海上通道为长途旅行和贸易提供了理想的环境。除了跟随商旅队进行陆上旅行外，阿拉伯人还克服了对海洋的恐惧，勇敢地进行了远洋航行。商人苏莱曼(Suleyman)是最重要的阿拉伯探险家之一。他的《与印度和中国的关系》一书写于751年，记述了他从波斯湾到印度、苏门答腊岛和中国广东省等地的旅行。苏莱曼的书中提供了很多有用的信息，比如做生意的规矩和航行路线等等，但是一个世纪后，一个名叫阿布·扎伊德(Abu Zayd)的作家更新了书中的内容，不仅增添了事实，而且还加入了虚构的故事。阿拉伯人非常喜爱旅游文献，和同时代的中世纪基督教徒一样，他们喜欢各种奇异的故事。一些阿拉伯旅行者的著名作品中，虚幻与现实交织在一起。有时，他们的真实成就往往被狂野的想象扭曲了。

推荐导师

大家如果喜欢出行，我倒是建议大家多了解一些基本的出行常识，比如你在野外遇到各类情况，你要分辨出哪些东西能吃，哪些东西不能吃。遇到一些紧急的情况作一些简单的救援，比如你看天上的云彩有一些异常，你就知道第二天能不能远足，能不能爬山。我给大家推荐的书，有一些跟户外探险、人类的发现史有关系。我们读一读《图说世界探险史》，看一看当年伟大的贤明摇着船歌阔冰海。当我们技术太发达的时候，我们却忘了我们人类作为动物最基本的本能属性。

《中国国家地理》杂志社社长李栓科

20世纪思想史

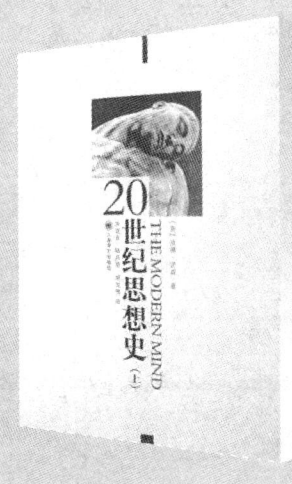

作　者：（英）彼得·沃森
出版社：上海译文出版社
出版年：2008年
定　价：80.00元

内容简介

　　彼得·沃森，倾一己之力撰写的这本百万字的巨著，一经出版便在西方知识界引起强烈反响，自2000年初版以来，已多次重印和修订，被誉为从当代视角解读20世纪的最为杰出的作品。

　　本书以独特的视角切入对整个20世纪发展脉络的洞察和理解，作者在占有大量信息的基础上，以一批塑造和改变了整个20世纪的人和理念为线索，勾画了一部生动而清晰的20世纪思想史。伴随作者清新而又内容翔实的描述，我们恣意畅游于20世纪哲学、文学、历史、政治、艺术、科学等各个领域，并在作者编织的20世纪之网中清楚地看到诸多领域之间细腻的联系，及其与整个20世纪历史之间的互动关系。

　　能够在愉快的阅读中完成对20世纪的思想游历，对于21世纪之初的思想界和广大读者而言，的确都是一件幸事。

现代主义一词有三种含义，我们必须对其作出区分。

第一种含义，指的是出现于文艺复兴和宗教改革时期的历史的断裂。文艺复兴和宗教改革是已知的近代世界的开始时期，是和以往的宗教、形而上学形成对比的时期，是科学开始作为可供选择的知识体系而繁荣的时期。

现代主义的第二种含义，并且是最为普通的含义，主要指的是艺术领域C.波德莱尔在法国发起并迅速发展的一场声势浩大的运动。它本身又有三方面内容。

第一且最基本的内容是这样的信仰，即现代世界如以往任何时代一样美好和令人满意。

第二种含义中第二方面的内容是：现代主义是一种城市艺术，城市是文明"风暴的中心"。

第二种含义中第三方面的内容是：在极力主张新事物优于其他一切时，现代主义意味着"先锋派"，即艺术的、知识的精英的存在。"先锋派"用其智慧及创造力使自身与众不同，并且当他们引导大众时也注定不只是与大众背道而驰。

现代主义第三种含义被用于有组织的宗教，尤其是天主教的情境中。在整个19世纪，天主教教义的各种不同方面的内容一直受到威胁。青年修士对教会就新的科学发现，特别是达尔文的进化论和德国考古学家在圣地的发现，作出忧心忡忡的反应，因为其中许多发现显然是与《圣经》相抵触的。

推荐导师

《20世纪思想史》，作者彼德·沃森，这本书是很有意思的一本书。这本书前言里是这么说的，如果提起20世纪哲学、文学和历史，大家一定会记住两件事，一个是世界大战，一个是苏联解体。他认为影响20世纪的还有很多事，其中最主要的是科学技术，包括文化。他就按着20世纪的时间表，对照历史重大发现，对其产生的影响（包括对科学家）进行介绍。我记得一开始讲的是弗洛伊德，然后讲的是剑桥的两个人，他们发现了DNA序列。这跟我们传统的历史事件不一样，是有连续性的。

博源基金会理事长秦晓

1911年中国大革命

作　者：马勇

出版社：社会科学文献出版社

出版年：2011年

定　价：39.00元

内容简介

1911年的辛亥革命，是中国五千年历史上的重大事件。这个事件的意义是结束了两千年的帝制，赶跑了皇帝，建立了共和，是全面现代化的起点，是现代民族国家重建的开始。

孙中山等先行者经过十几年的艰辛奋斗，终于将"一个人的革命"演化成全民族觉醒，只是当武昌起义爆发后，特别是清政府阵前换将，启用袁世凯执掌朝政，南北对峙一下子由满汉之间的种族冲突变成了汉人之间的对决。在经过短暂和谈后，南北握手言欢，清帝退位，五族共和。

对于辛亥革命的这个结果，见仁见智。许多人觉得这场革命在列强和资产阶级介入后变质，革命归于失败。但本书的作者马勇却认为辛亥革命不仅推翻了帝制，建立了共和，而且避免了一场内战、一场血腥，这是中国智慧的最高体现，是不战而屈人之兵的完胜，既合乎国际社会的期待，也合乎中国人民的根本利益。

精彩书摘

　　满洲贵族集团当然不能代表整个中国的利益，甚至也不能代表所有的满洲人。满洲贵族集团其实就是一个特殊的利益阶层，是大清王朝的既得利益者，所以他们对政治改革天生地具有一种排斥性，他们的利益决定他们只能选择保守的政治立场。孙中山在三民主义理论框架中所展示的民族主义诉求在后人看来可能狭隘了一些，但在当年确实击中了清政府的政治要害和软肋。至于民权和民生，这两大主义是民族主义实现之后的应有之义，革命党人之所以不再相信君主立宪，就是认为君主立宪不论怎样开明，怎样以宪政的力量约束皇权，都不如没有皇权来得干脆来得彻底。中国只有建立了人民当家做主的民主共和体制，就不是对至上的无限的皇权进行形式主义的约束，而是从根本上否定了任何政治家终身统治的合法性，一切政治领导人都要接受人民的选择，为人民服务，对人民负责，接受人民的监督，这些统治者一旦超越了人民的授权，任意胡作非为，那么人民就有权力将他们赶下台。

推荐导师

　　我们今天所知道的晚清、所知道的近代史，从我的专业立场讲，除了人名和时间大致不差是真的，其他的确实是和历史真相差距太大。很多东西一层层被遮蔽掉了，一层层被意识形态的东西影响了、掩盖住了。不去分析我们60年来意识形态对近代史的遮蔽，我想分析一下康有为和梁启超对近代史的表达，康有为和梁启超呈现的晚清历史是什么样的。教材讲晚清政治架构当中存在两个司令部，一个是慈禧太后的保守势力，另外是以光绪皇帝为首的一个开明势力，他主持改革，这是康有为、梁启超在戊戌政变时说的。孙中山革命党对这个说法是不认同的，认为不存在改革的和保守的。晚清不是我们想象的那么腐败落后、不堪，晚清经过了漫长探索的过程、很曲折的道路。

回望我们的先人，中国在近代不容易。1840年以后，中国人经过20年的思考，到1860年中国人找到一个方向——向西方学习，但是中国人的学习很有限。1860年日本人向西方人学习，全面学习西方。当时中国人知道这个消息以后，并不认同日本的选择。这样，中国经过了一种单一学西方科学技术、富国强兵的30年时间。1861—1891年中国经济有30年的高增长，到1891年中国北洋海军是亚洲第一、世界第六，也有的说世界第八，但是这种发展是畸形的。1894年的甲午战争把这个戳穿了。

我们过去近代史的研究在表达上有问题。一直觉得我们的近代史是很悲情的，但是不反省我们的体制、条约给我们的影响，也没有揭示本质在哪。《马关条约》给中国最深的印象，就是台湾割了，赔款，巨额赔款，辽东半岛花钱赎回来。但《马关条约》真正给中国的影响是一条最重要的规定，日本臣民可以到中国自由办厂，这之前是不允许的，外国资本进入中国是被严格管制的。这样《马关条约》把这一条作为条约体制，日本臣民的资本自由进入中国，日本臣民在中国出入境享受优惠税收。所以《马关条约》给中国的影响就是日本的资本进到中国来。而西方列强还有一个和中国达成的条约体制叫作"利益均沾"。我们看世贸组织双边谈判可以改成多边利益共享，《马关条约》就达到了这么一个效果，外国资本可以没有任何障碍地进入中国。

1895年中国的发展是我们想象不到地快，今年我们还是实行管制经济，并没有让外国资本和中国资本在这一块土地上自由创业发展，但《马关条约》当时做到了这一点。1895年以后，袁伟时老师讲我们修铁路那么艰难，除了关键问题，还有一个就是根本没有这个资金。但1895年外国资本进入中国后，我们用很短的时间，1900—1903年，中国铁路的南北两条干线路网（除了东北地区）到1903年就大致形成了。这个过程当中，中国的民间资本也开始很好地发育，1903年有一个很重要的事情，那就是民族资产阶级要求铁路不能让外国人修。为此，清政府改变了政策，允许中国民间资本进入铁路。高营利行业让中国民营资本进入，这个情况到1903年就已经很正常了。可以说晚清经济的发展是完全国际化的，不像我们后来理解的外国列强老是欺负我们。外国资本和中国民间资本之间谁好谁坏是很复杂的问题，我研究晚清有一个很重要的地方，那就是资本是没有阶级属性和国别属性的。资本不存在什么民族资本，关于此到今天为止我们都没有搞清楚。

中国社会科学院近代史所研究员马勇

南渡北归

作　者：岳南

出版社：湖南文艺出版社

出版年：2011年

定　价：第一部 39.80元

　　　　第二部 39.80元

　　　　第三部 48.00元

内容简介

所谓"南渡北归"，即作品中的大批知识分子冒着抗战的炮火由中原迁往西南之地，尔后再回归中原的故事。

《南渡北归》整部作品的时间跨度近一个世纪，所涉人物囊括了20世纪人文科学领域的大部分大师级人物，如蔡元培、王国维、梁启超、梅贻琦、陈寅恪、钱钟书等。作品以大量的真实史料为依据，对这些知识分子群体的命运作了细致的探查与披露，对各种因缘际会和埋藏于历史深处的人事纠葛、爱恨情仇进行了有理有据的释解，读来令人心胸豁然开朗的同时，又不胜唏嘘，扼腕浩叹。

但是坊间亦对作者的文风颇有非议，认为文字粗鄙，行文间江湖气十足，与所描述的群体极不协调。另一方面，又有人认为书中叙述大师群体，关于社会关系层面的阐释远高于学术层面，作者对

"埋藏于历史深处的人事纠葛、爱恨情仇"之类八卦轶闻过于津津乐道。同时还有党同伐异之嫌，书中充满大量的个人好恶评价，缺乏写史论著的严谨与客观。

精彩书摘

据时为清华大学文学院院长兼哲学系主任冯友兰回忆：在炮火连天，北平危急，人心惊恐之际，除了逃难的人群，还有四处张罗准备男欢女爱，以成百年之好者。此种做法虽与整个北方硝烟弥漫、家破国亡的氛围极不协调，但那些痴男情女们却不管这些，由着自己的性子继续在情思的梦境中生活。就在北平失守的这天，清华一位教员正在城中举行婚礼，特邀冯友兰主婚。想不到当天晚上城门关闭，这对痴男怨女在清华园预备的新房已无法进入，只有坐看北平沦陷，扼腕叹息。

冯友兰与吴有训二人一起离平南下，到达郑州时，冯突然建议上馆子吃一顿黄河鲤鱼，因为这一别，不知道什么时候才能回来，有机会先吃一顿再说。正在这时，意外碰到了清华的同事熊佛西，于是三人一同去馆子吃了一顿黄河鲤鱼，算是了了一桩心愿。当时熊佛西喜欢养狗，他面带忧戚地对冯、吴二人说："北平有许多人都离开了，狗没法带，只好抛弃了。那些狗，虽然被抛弃了，可是仍守在门口，不肯他去。"冯听罢，满目凄然，道："这就是所谓丧家之狗，我们都是丧家之狗呵！"

推荐导师

我推荐的《南渡北归》是写中国现代知识分子的，从梁启超讲起，一直到近代的知识分子，朱光潜、李羡林、钱钟书，讲述他们的人生经历和不同环境中伴随着他们的生死沉浮。读完以后的那种感觉，我突然发现两批人合二为一，一批人是诗人和作家代表的民国气质，一批是真正的思想性知识分子，他们带来了另外一种民族体量。当两套书合在一起时我突然发现跨越了一个时空。我在大学时读的诗人和小说家，《南渡北归》中没有体现出这些。这本书表现了当时从清末民初开始，到新中国成立以后，知识分子的生生死死和各个时代对于他们不同的态度，以及他们对这些时代的反思和在其中体现的铮铮傲骨，可以说给我带来了心灵的震撼。《南渡北归》总共3本，每本500页。

《南渡北归》把那个时代的知识分子全写尽了，但没有写诗人和小说家、散文家。我在大学时不可能读到胡适，这些人在当时被认为有阶级问题和思想问题，是有反革命倾向的人。中国现在更加开放了，把这两批人合在一起才构成真正民国时代的脊梁骨。

新东方教育科技集团董事长兼首席执行官俞敏洪

摩根全传

作　者：（美）罗恩·彻诺

出版社：重庆出版社

出版年：2010年

定　价：上册 39.00元

　　　　下册 36.00元

内容简介

《摩根全传》是《福布斯》评选的20世纪最伟大的20本商业著作之一，也是上至商业领袖下至街边小贩竞相拜读的生意圣经。

揭秘150年来，美国最有权势的家族及其世代相传的生意经。

近200年来，摩根让全球众多的总统和亿万富豪成为他们的棋子与工具；摩根开创了由家族成员之外的人担任CEO的先河，成为家族企业基业长青的范本；作为世界上第一个用电灯照明的家庭，装灯泡的电工是爱迪生本人；而老字号摩根总部，则一直无比低调地坐落在华尔街拐角处，至今连招牌也没有。

本书因为揭开了摩根背后几乎所有的生意秘密，而荣获美国图书最高奖"美国国家图书奖"，并被《福布斯》评为20世纪最伟大的商业著作，成为上至商业领袖，下至街边小贩竞相拜读的生意圣经。

精彩书摘

　　金融合伙制就像易燃易爆物品，常常因个性冲突和金钱纠纷而燃爆。然而，摩根公司的合伙人之间却总保持着和谐融洽的关系。如果说杰克没有不良的利己主义，或者做错了事非常不好意思，那么也可以说，他的助手，哈里·戴维森和汤姆·拉蒙特对他是友好而恭敬的。他们达成了互谅互让的默契：他们会对杰克毕恭毕敬，在重要问题上遵从他的意愿，爱护摩根的名誉。作为回报，他们便可以充分行使日常管理的权力。假如那个时代有管理咨询业务的话，咨询专家们也不会发明出比这更好的或更聪明的妥协办法了。

　　这些合伙人对他们的老板并不是阳奉阴违，他们的确喜欢杰克，许多年以后，摩根合伙人、当时的董事长乔治·惠特尼说过："我总是觉得我必须保护自己，因为我担心我的话既没有力量又愚蠢，然而他确实是个了不起的人，是一个有教养的绅士，你懂我的意思吧？……如果他听到我对别人说这些，他会极力否认的。他不仅单纯，而且还同你所见到的所有的人一样可爱。……要我说，功劳从来没有归于他，因为他腼腆，但他却能调动那些自命不凡的人、那些合伙人。他是一个公认的老板，这一点无可争议。……他不是他父亲那样的冒险家，但他这个人确实是了不起。"

推荐导师

我们刚到摩根大通的时候，甭管哪个学校毕业的MBA，先集中培训三到六个月，有的三个月，有的六个月，还有的一年。我们有MBA金融专业基础的是三个月。这三个月摩根大通自己有一套教材，自己的讲师来给我们讲，一个产品、一个行业、一个国家、一个市场这样给你讲。培训完以后，当时我听我们老师说，每个人在你身上花的培训费用大概不低于10万美金，而且跟我们这些人也不签协议，也不怕你将来学完了就跑了。后来我们就问我们导师，说："不怕我们跑了？"他说："没关系，我们当时，董事长小洛克菲勒说'这个没关系，就算你们离开我们大通，将来到了银行业里面，你记得你是大通培养出来的，我们的目的就达到了'。"基本上专业是开放式的，所以那个时候我们就读课外书。这本书不是专业必须读的，但进了华尔街就开始对摩根、高盛、洛克菲勒都很感兴趣。

我推荐《摩根全传》，是金立群翻译的，他的翻译水平非常高，跟老外开会大段用英文原文读莎士比亚。这后来成为我们拜访客户必送的一本书。我们读的早一点，读的原著。对美国100年的金融史，通过这本书会有所了解。

信中利国际控股有限公司董事长汪潮涌

峭壁边缘

作　者：（美）亨利·保尔森
出版社：中信出版社
出版年：2010年
定　价：49.00元

内容简介

　　作为曾任职于高盛和担任美国财政部长的保尔森来说，每次金融危机的到来，他无疑都处于金融震荡的"震中"，而保尔森在历次危机中采取的措施无疑值得我们深入阅读和思考。这本书如实地记录了保尔森在金融动荡中的重大决策是如何作出的，不仅仅包括保尔森的个人回忆，也包括与美国前总统布什、美国现总统奥巴马、美联储主席伯南克和现任财政部长盖特纳的会谈。

　　保尔森在《峭壁边缘》一书中认为自己是自由市场的坚定支持者，他为自己救助美国国际集团（AIG）及其他华尔街公司的决定进行了辩护。他认为，对于自由市场的支持者来说，在换作任何其他时候，他都会对政府采取的干预措施感到深恶痛绝，而这场史无前例的危机可能瓦解现代金融系统，作为响应危机的第一道屏障，美国别无选择，必须出手救助银行。

此外，保尔森在《峭壁边缘》一书中透露了金融危机爆发时，世界各国所持的态度。保尔森认为，当美国金融面临崩溃、世界金融体系走向灾难的时候，作为美国盟友的英国却背叛了美国，而俄罗斯也在美国处于金融危机时幸灾乐祸。唯有中国人，却坚持不卖出美国债券，为美国金融体系的稳定作出了贡献。

精彩书摘

温迪和我飞往华盛顿参加了胡锦涛欢迎午宴。午宴之前，我在国际货币基金组织的总部见到了中国中央银行行长周小川。他要求私下与我谈谈，于是我们找到了一间没人可以监听也没有记录人员的屋子。

"我认为你应该出任财政部长"，他说。

"我不会这么做"，我简单地说，并没有谈起细节。我对他的消息之灵通甚感惊讶。

"我想你会遗憾的"，周小川回答说，"我是一个为政府工作了一辈子的人。你是一个有公共精神的人，我认为在当前的形势下，有很多你可以施展拳脚的地方。"

白宫的那场午宴堪称一场盛大的集会。但当我见到总统的时候，我感觉他对我很冷淡，我的好朋友副总统迪克·切尼同样如此。迎宾队列中的某位政府要人对我说："汉克，你会成为一个伟大的财政部长。而且你知道，接下来的很多年可能不会再有共和党人的机会了。你知道你拒绝这个机会意味着什么吗？"

午宴结束后，温迪和我踏入了白宫的庭院，旁边就是通往财政部的大门。那是美不胜收的一天，木兰绽放，樱花盛开，与蔚蓝的天空交相辉映。

但我的心情很糟糕。

推荐导师

中国人民银行原副行长吴晓灵

华尔街投资银行史

作　者：（美）盖斯特

出版社：中国财政经济出版社

出版年：2005年

定　价：49.80元

内容简介

克拉克·道奇，杰伊·库克，库恩·娄布，塞里格曼，布朗兄弟，哈里曼，雷曼兄弟，摩根士丹利，狄龙·瑞德，美林，高盛，赫顿，所罗门兄弟，德雷克塞·本海姆，雷达飞瑞。

上面一串辉煌灿烂的名字代表了华尔街投资银行一百多年历史中最成功的金融家。华尔街合伙制投资银行的故事永远充满着魔幻主义的色彩，同时也洋溢着地道的美国风格。它们代表着繁荣、兴旺、成功以及失败。它们在美利坚的历史上创造出了许许多多的传奇人物，在长达150多年的时间里，他们的名字曾经是华尔街的同义词。远在体育明星和流行乐手占据新闻版面之前，他们是这个国家真正的社会名流。

本书向读者全方位展示了华尔街投资银行的历史，这是第一次有人如此细致入微地研究考证这些美利坚的金融传奇。无论是那些对美国历史以及商业杂志大标题背后的故事感兴趣的人，还是那些想知道美国的金融大亨们是如何掘到"第一桶金"的人，这本书都值得他们一读。

精彩书摘

归根结底，金融服务不是一种商品。无论是投资银行还是商业银行，销售的都不应该是孤立的产品，而是成套的解决方案。它们不仅应当向客户提供合适的融资工具或投资工具，还应当教会客户如何使用这些金融工具，如何以这些金融工具为基础制订一套有机的、完整的金融解决方案。贵族从来不可能是好老师，因为他们从来看不起自己的学生。所以，那些把自己视为贵族的投资银行都消失了，顾客们用脚投票，选择了一群强大的平民继承他们的事业。

为那些消失的名字感叹是不值得的。然而，有些名字注定要一直存在，直到金融行业从这个世界上消失为止。在激烈的竞争中生存下来的投资银行将成为全方位的金融咨询机构，它们的一系列变革最终将为企业和个人提供更适合、更完整的金融解决方案，在这个过程中，它们将再次释放金融活动的无与伦比的伟大力量，把更多的自由和效率带给每一个人。

推荐导师

美国有很多资本家当年上市时没有被尽职调查，后来这些人发财了。当美国进入文化崛起时代后，这些人作了很多投资，洛克菲勒捐的是芝加哥大学，斯坦福大学等也都是世人捐款，由此造就了世界级的知名大学。

还有有名的波士顿交响乐团，也是当年投行建的。

我推荐这本书，大家真的要看，《华尔街投资银行史》。这其中就提到一个投资银行家发了财，之后去办了波士顿交响乐团。还有一个J.P.摩根，今天美国大都会博物馆大概1/3的展品是J.P.摩根捐的，百老汇、大都会歌剧院都是富人投资建起来的。经济崛起一定带来文化的崛起，文化崛起一定带来政治和军事的崛起。它是分层面的，经济崛起里面分三个崛起，即制造业崛起、金融崛起、品牌和知识产权的崛起。

泰康人寿董事长兼CEO陈东升

道路与梦想

作　者：王石、缪川
出版社：中信出版社
出版年：2006年
定　价：36.00元

内容简介

王石，中国企业家群体中阳光式的领袖人物。他为人们所熟知，除了因万科的品牌及地产项目外，还因他的鲜明个性和登山经历。这位万科的创始人，同万科的职业经理人团队共同引领万科，用20年的时间创造了一系列奇迹。

在20世纪企业经历的风风雨雨中，他如何带领万科经历时光考验，锐意成长？

在多元化和专业化争论不休的业界，他怎样作出抉择，并以专业能力从市场获得公平回报？

在市场经济起步之初，他又怎样拒绝利益诱惑，坚持职业化底线，带领公司建立了透明完备的管理体制及职业经理人团队？

书中，王石不仅以坦率而诚挚的方式讲述了他的人生风雨历程，回顾了万科20年的成长故事，更描绘了他对万科未来的憧憬。

这里，是一位中国企业家中领袖人物的人生心路，也是一部企业成长的真实记录。

精彩书摘

姚主任将两条烟递到我手上："呐，烟你拿回去，明天你或小伙计直接去货运办公室找我。别说两个车皮，就是10个也批给你。"

我愣住了。

"我早注意到你了，你不知道吧？在货场，常看到一个城市模样的年轻人同民工一起卸玉米，不像是犯错误的惩罚，也不像包工头。我觉得这位年轻人想干一番事业，很想帮忙。但我能帮什么呢？我搞货运的，能提供帮助的就是计划外车皮。没想到你还找上门来了。你知道计划外车皮的行情吗？"

"什么行情？"我一头雾水。

主任伸出两个手指头："一个车皮红包100元，两条烟只是行情的1/10。"

带着两条烟返回东门招待所。躺在床上脑海里浮现着姚主任的那张笑脸，是嫌两条烟太少还是真想帮忙？辗转反侧，一宿难眠。

翌日，顺利办下两个计划外车皮指标。

通过这件事，我悟出一个道理：在商业社会里，金钱不是万能的，金钱是买不来尊重和荣誉的。而货运主任对我所诉求的正是后者。货运主任的精神需求很简单：欣赏这位城市年轻人的做事态度和吃苦精神，愿意无偿伸出援助之手，从支持行为中获得精神的满足感。既然是在做令人敬佩的事业，为什么还要通过物质的诉求，直白地讲，用行贿手法来获取计划外车皮呢？

推荐导师

《中国国家地理》杂志社社长李栓科

旁观者

作　者：（美）彼得·德鲁克
出版社：机械工业出版社
出版年：2009年
定　价：39.00元

内容简介

《旁观者》是一代管理大师彼得·德鲁克的亲笔自传。

彼得·德鲁克在书中并没有着力去描写自己那了不起的丰功伟绩，反而将重点放在了自己这一生中见过的各色人与事。德鲁克在这一瞬间像是从一个热情洋溢的管理学巨匠化身为一名冷静客观的旁观者，以自己的双眼去捕捉并传达这一代的人难以想象的那种深邃、韵味与感觉。

这就是本书和其他人的自传的不同，《旁观者》的写作目的就在于刻画一些特别的人，以及他们的特立独行。弗洛伊德、亨利·鲁斯、阿尔弗雷德·斯隆、约翰·刘易斯和马歇尔·麦克鲁汉等人都成为德鲁克观察的对象，却也成为德鲁克人生的导师，为他的成功与辉煌创造了巨大的条件。

应了牛顿那句戏谑的名言，德鲁克的成功是因为他站在了很多巨人的肩膀上，这样的幸运和机遇确实是常人难以奢望的。

精彩书摘

我们不要忘了，今天来此聚会的每一位的先祖都是为了逃离永无止境的战争、愚昧的仇恨和欧洲那罪恶的傲慢，才来到美国的。我们缅怀先祖的筚路蓝缕，他们在冬天风雪的荒野上、夏日的狂风飞沙中辛苦的开垦，为的就是成为一个自由人，远离以国家光荣为名的邪恶与愚行，不想再见到伪装成军事胜利的独裁统治。我们不要忘了，我们的先祖之所以来到这里，是为了建立一个法治，而非人治的新国家。让我们一起祈祷，希望美国仍是最后也是最好的希望，千万不要成为另一个虚荣的帝国。

推荐导师

我觉得影响我人生的书不能用五本、八本来讲，我看书是一个非常散的人。

曾经影响过我的书，有一本叫《旁观者》，管理大师彼得·德鲁克写的类似自传的书。在这里面他讲到他从小碰到过的很多人物，他的小学老师，他的姥姥，他的亲戚，甚至是第二次世界大战的时候德国军营里很有学问的一个士兵，实际上是这个士兵发现了基辛格，他的思想影响了基辛格终生。他还讲到了斯隆，通用汽车的总裁。彼得·德鲁克是我非常欣赏的人，他提出了一个概念——股东权益。彼得·德鲁克第一个提出所有利益相关者的权益概念，一个企业的使命不仅在于给股东创造价值，还在于给它的顾客、给它的员工、给它的供应商、给它所在的地区创造价值，用今天的话来讲叫和谐共赢。我觉得彼得·德鲁克是非常好的管理学家，他在写这些传记时可以用很动人的语言把主题很深刻地阐释出来。彼得·德鲁克实际上在文学、史学、经济学、计量经济学各方面的造诣都是非常深的。看到这本书我就想起20世纪20年代一直到50年代，曾经是一个思想史上极为活跃的时期，那时产生了一批文艺复兴式的思想家，他们从心理学到雕塑各方面都可以说有所涉猎。这本书我可能读了5遍，甚至10遍不止。我觉得我翻开了历史的画卷，我可以看到20世纪30年代的欧洲、战前的欧洲，我还可以看到四五十年代充满梦想的美国，所以这本书我觉得非常非常的丰富。

当当网董事长俞渝

资治通鉴

作　者：司马光
出版社：岳麓书社
出版年：2009年
定　价：128.00元

内容简介

《资治通鉴》为我国第一部编年体通史，上起周威烈王二十三年（前403年），下迄周世宗显德六年（959年），16朝1362年史事囊括无遗。

书中描绘了战国至五代期间的历史发展脉络，探讨了秦、汉、晋、隋、唐等统一的王朝和战国七雄、魏蜀吴三国、五胡十六国、南北朝、五代十国等几十个政权的盛衰之由，生动地刻画了帝王将相们的为政治国、待人处世之道，以及他们在历史漩涡中的生死悲欢。自宋以来，这本巨著就备受历代统治者及文人学士的青睐，视之为必读之书。时至今日，《资治通鉴》仍是一本了解和学习中国历史的必读之书。

作者司马光一生在政治上进退沉浮，但亦凭借这本巨著，名垂青史，和老对手王安石终成一时瑜亮。

精彩书摘

春，正月，曹仁屠宛，斩侯音，复屯樊。

初，夏侯渊战虽数胜，魏王操常戒之曰："为将当有怯弱时，不可但恃勇也。将当以勇为本，行之以智计；但知任勇，一匹夫敌耳。"及渊与刘备相拒逾年，备自阳平南渡沔水，缘山稍前，营于定军山。渊引兵争之。法正曰："可击矣。"备使讨虏将军黄忠乘高鼓噪攻之，渊军大败，斩渊及益州刺史赵颙。张郃引兵还阳平。是时新失元帅，军中扰扰，不知所为。督军杜袭与渊司马太原郭淮收敛散卒，号令诸军曰："张将军国家名将，刘备所惮。今日事急，非张将军不能安也。"遂权宜推郃为军主。郃出，勒兵按陈，诸将皆受郃节度，众心乃定。明日，备欲渡汉水来攻；诸将以众寡不敌，欲依水为陈以拒之。郭淮曰："此示弱而不足挫敌，非算也。不如远水为陈，引而致之，半济而后击之，备可破也。"既陈，备疑，不渡。淮遂坚守，示无还心。以状闻于魏王操，操善之，遣使假郃节，复以淮为司马。

推荐导师

影响我的书很多，我举出几本跟大家互相切磋。首先是《资治通鉴》。我曾经跟着国学家周振甫学习，他给我讲解过《资治通鉴》的部分篇章。为什么要看《资治通鉴》？因为它告诉了我们祖宗的所作所为。从他们的所作所为里，我们可以反思，看看我们今天应该怎么做。《资治通鉴》有20本，内容非常多。从战国开始，到唐五代结束，它是一个编年通史。《史记》是纪传体的，司马迁以前的历史比较简单一点，可以用纪传体。到汉代以后，用纪传体就不行了，因为历史越来越复杂。看编年体史书，就好像一幕一幕电影一样，看每个时段里发生的事，使我们获得一个比较连贯的印象。我读《资治通鉴》收获很多，我写过一本书《历史的拐点》，描述了中国历史上13次大的改革的始末，从《资治通鉴》里借鉴了很多。我读《资治通鉴》，觉得中国振兴发展要靠改革，日新又日新。读史使我们眼睛更加明亮，能够对我们今天有所借鉴。

著名时政评论家马立诚

万物简史

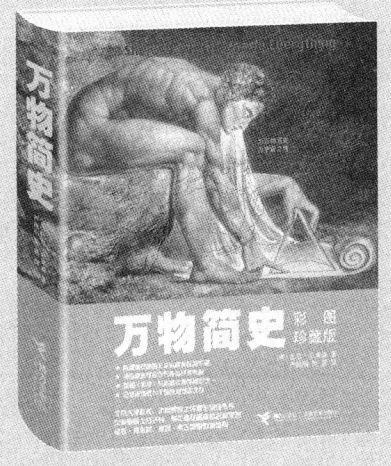

作　者：（美）比尔·布莱森
出版社：接力出版社
出版年：2007年
定　价：208.00元

内容简介

这是一部有关现代科学发展史的既通俗易懂又引人入胜的书，作者用清晰明了、幽默风趣的笔法，将从宇宙大爆炸到人类文明发展进程中所发生的繁多的妙趣横生的故事一一收入笔下。惊奇和感叹组成了本书，历历在目的天下万物组成了本书，益于人们了解大千世界的无穷奥妙，掌握万事万物的发展脉络。

书中回溯了科学史上那些伟大与奇妙的时刻，引用了近年来发现的最新科学史料，几乎每一个被作者描述的事件都奇特而且惊人：宇宙起源于一个要用显微镜才能看得见的奇点；全球气候变暖可能会使北美洲和欧洲北部地区变得更加寒冷；1815年印度尼西亚松巴哇岛坦博士拉火山喷发，喷涌而出的熔岩以及相伴而来的海啸夺走了10万人的生命；美国黄石国家公园是"世界上最大的活火山"……而那些沉迷于科学的科学家们也是千奇百怪：达尔文居然为蚯蚓弹起了钢琴；牛顿将一根大针眼缝针插进眼窝，为的只是看看会有什么事情发生；富兰克林不顾生命危险在大雷雨里放风筝；卡文迪许在自己身上做电击强度实验，竟然到了失去知觉的地步……

这本书在讲述科学的奇迹与成就的同时，还浸润着浓郁的悲天悯人的人文关怀。全书从科学发展史的角度对"我们从哪里来？我们是谁？我们到哪里去？"这一千古命题作了极为精当的阐释，每一个人在阅读此书之后，都会对生命、对人生、对我们所生活的世界产生全新的感悟。

精彩书摘

牛顿绝对是个怪人——他聪明过人，而又离群索居，沉闷无趣，敏感多疑，注意力很不集中（据说，早晨他把脚伸出被窝以后，有时候突然之间思潮汹涌，会一动不动地坐上几个小时），干得出非常有趣的怪事。他建立了自己的实验室，也是剑桥大学的第一个实验室，但接着就从事异乎寻常的实验。有一次，他把一根大针眼缝针——一种用来缝皮革的长针——插进眼窝，然后在"眼睛和尽可能接近眼睛后部的骨头之间"揉来揉去，目的只是为了看看会有什么事发生。结果，说来也奇怪，什么事儿也没有——至少没有产生持久的后果。另一次，他瞪大眼睛望着太阳，能望多久就望多久，以便发现对他的视力有什么影响。他又一次没有受到严重的伤害，虽然他不得不在暗室里待了几天，等着眼睛恢复过来。

与他的非凡天才相比，这些奇异的信念和古怪的特点算不了什么——即使在以常规方法工作的时候，他也往往显得很特别。在学生时代，他觉得普通数学局限性很大，十分失望，便发明了一种崭新的形式——微积分，但有27年时间对谁也没有说起过这件事。他以同样的方式在光学领域工作，改变了我们对光的理解，为光谱学奠定了基础，但还是过了30年才把成果与别人分享。

推荐导师

当当网CEO李国庆

剑拔弩张的盟友

作　者：（美）齐锡生
出版社：社会科学文献出版社
出版年：2012年
定　价：89.00元

内容简介

　　太平洋战争爆发及中美建立军事同盟关系，不但使中国有史以来第一次和西方强国形成实质性的政治军事合作关系，而且在抗日战争的最后四年中，帮助中国从一个在生死边缘挣扎的半殖民地国家跃升为世界四强之一。但在这亲密无间的同盟关系背后，却处处可见中美两国政府的争执和不合作。

　　在已有的历史著作中，美方学者，特别是美国军方学者对这一问题的研究以维护美国利益为主，与历史真实有较大的距离。而齐锡生先生在很多问题上作出了与传统史学（尤其是美国学者的观点）不同的叙述，为我们重建了全新的战时中美军事合作关系的"历史现场"，认为美国在政策层面上的"利益交换"概念模糊不清，再加上种族优越感作祟，这才是中美双方合作不畅的根本原因。该书系"2011年度台湾最畅销的历史著作"。

精彩书摘

不少西方人士认为，珍珠港事件必然使蒋介石大喜若狂。在事件爆发前，蒋介石和其他中国领袖早已丧失战斗意志，美日开战一直是蒋介石梦寐以求的事件。

有趣的是，美国总统罗斯福似乎并不在意斯大林或丘吉尔的反应，反而对中国的态度异常关注。在日本未发动攻击之前，他主动地向胡适提出警告，万一美日战争爆发，希望中国领袖及人民群众能够自我克制，避免公然庆祝。

但事实相反，蒋介石期盼的是苏联和日本之间能大战，并不曾仔细想过美日战争的影响。罗斯福的顾虑，与其说是基于对中国的了解，不如说是对中国的偏见。

按蒋的叙述，他对珍珠港事件的第一个反应是后悔，觉得自己早先不应过度敦促美国对日本采取强硬态度，以致日本丧失谈判耐心而决心展开攻击。对于罗斯福经由胡适传来的警告，蒋介石12月14日才在日记中作出反应。他既感到不快且大为不解，何以像罗斯福如此杰出的政治家，还是不能超越典型西方人对华人的优越感，居然以为中国人会幸灾乐祸。

推荐导师

中国社会科学院近代史所研究员马勇

托克维尔回忆录

作　者：（法）托克维尔
出版社：商务印书馆
出版年：2004年
定　价：20.00元

内容简介

　　1848年席卷整个欧洲的革命运动，使得人类进入了一个新的时代。1848年1月，也就是革命发生的前夕，时任法国外交部长的托克维尔在众议院对政客们说："诸位先生，现在我把我深信不疑的事情告诉大家：我们正睡在活火山上，我对此深信不疑……"可是，所有人报以嘲笑，觉得他夸大其辞。未及，欧洲革命爆发。

　　托克维尔，这位了不起的法国思想家、政治家，作为1848年革命的当事人，他顶着各方面的压力留下了这部关于革命的回忆录。今天回头来看，这本书不但是珍贵的历史记录，也是珍贵的思想记录。托克维尔凭借本作，向我们展现了一个伟大的时代先行者的气质。

精彩书摘

　　研究这种事件是由哪些密谋发动的，那是浪费时间。依靠人民的激情实现的革命，一般说来是人们渴望的事情，而不是事先计划好的事情。吹嘘事先有预谋，那只是想由此得到好处。革命是由人们精神的一种通病自发地产生的，这种通病突然在谁也不能预料的意外状况下把事态引向危机；至于所谓的这些革命策划者或指导者，实际上什么也没有策划，什么也没有指导。他们的唯一功劳，是发现了大部分未知陆地的冒险家的那种功劳。也就是说，风推你前进多少，你才敢于前进多少。

你对事情的经过一点也不了解，你是用巴黎街上看热闹的人和诗人的眼光判断发生的事情。你把这称为自由的胜利，但这是自由的最后败北。告诉你，被你如此天真地赏识的民众，正像人们显示他们既无能为力又无资格享受自由的生活。你说说，经验教给了民众一些什么？经验向他们提供了一些什么新的美德？这种美德又清楚了一些什么旧的恶行？我告诉你，什么也没有，一切照旧。还是像他们父辈那样没有耐性，那样不动脑筋，那样轻视法律，那样故步自封，那样冒险蛮干。时间前进了，但民众并没有什么改变，仍然在众多的事件当中悠闲自在。他们仍像以前那样忙于琐事。

推荐导师　　　上海大学历史系教授朱学勤

李普曼传

作　者：（美）罗纳德·斯蒂尔

出版社：中信出版社

出版年：2008年

定　价：68.00元

内容简介

　　沃尔特·李普曼是美国最负盛名的专栏作家，也是写得最久的专栏作家。

　　李普曼的写作活动延续了60余年，一生写了总数达1000万字的上万篇时政文章，发表了30多本著作。他发表在纽约《先驱论坛报》以及后来在《新闻周刊》上的"今日与明日"专栏持续了36年，是20世纪美国报刊史上历时最久、内容最广、影响最大的专栏，受到美国政府以及各国首脑和外交机构的高度重视。

　　当然李普曼的影响不仅仅局限于在报刊上发表文章，他一生中还直接参与和间接影响了美国历史上的许多重大的国务和外交事件。美国历届总统，不管是英明的罗斯福，还是不那么英明的约翰逊，都极为重视他的立场观点。

　　这本《李普曼传》对李普曼的个人经历、性格特点、新闻生

214

涯、著作要点都进行了详细的记载和论述，但它绝不仅仅是李普曼个人的传记，它更像是这一个世纪以来关于美国的政治、经济、社会和外交事务的随笔。

精彩书摘

在李普曼进入哈佛之际，传奇式的埃利奥特也即将结束他担任校长40年的生涯。埃利奥特精力过人，具有维多利亚式的正直人品，以及对科学和进步坚定不移的信念。李普曼后来谈到他时说，他"有点像活着的上帝"。埃利奥特1869年到哈佛时，学校里仅有563名学生，但到1909年他卸任时，哈佛的学生已近两千。他挑选出优秀的学者，给他们学术自由，创立了本科生自由选课制度，并把哈佛发展成为拥有一批自治的专科学院的大学。自由选课制度使学校的知识资源向学生开放，这个制度对于有驾驭能力的人来说，就好比是一个空气调节阀。学生们被鼓励按自己的方式奋发图强。埃利奥特对605名和李普曼同期的学生说，哈佛教育的目的之一就是"使每个人按自己的所好去思索和行动"。

这种自由使一些学生借机——至少是在一段时间内——反对学校的传统，甚至反对学校本身。约翰·里德就他在哈佛的生活写道："人们在谈论世界，谈论大胆新奇的设想，谈论离经叛道的思想，异端邪说一直是哈佛的一种精神。""学生们批评教师没有教育他们，攻击院际运动会这一神圣制度，讥笑那些神圣得使人不敢直呼其名的本科生俱乐部。"其实这些本科生并没有像想象的那样敢说敢为。造反也是哈佛传统的一部分。在埃利奥特的领导下，哈佛的教育目标是探索试验和思想自由，而不是灌输。哲学家威廉·詹姆斯在一次毕业聚餐会上说："这些不服管教的学生是我们最感自豪的产品。"

推荐导师

《李普曼传》是我5年前读的一本书，那时候我刚刚离开网通，也在犹豫我要做什么。李普曼在美国非常有名，有点像宋立新，是一个评论家，这个人在美国社会起到非常重要的作用，他用自己的笔参与了美国从一个所谓封闭的国家转型为全球主导的国家的全过程。这个过程美国需要价值观，需要一群人投身美国梦的创造过程。他也成为当时美国所有重大事件最主要的批评者。这本传记写得非常好，非常厚，大概600页，讲述了在那样的一个时代，一个有理想的年轻人，他是如何面对各种各样的挫折和复杂情况，怎么样用自己的表达来影响这个社会。而且这本书另外的一个特点是文字非常优美，翻译也非常好。"他们似乎受到来自两个方面的冲击，他受到自己梦想的挑战，这种梦想对现实中的妥协极为反感；他同时又受到现实的打击，这种现实对一切梦想的空洞无物极为憎恨。""这是一个人所能遇到的最激烈的搏斗。他似乎依靠一种不断更新的努力来赢得这场搏斗，依靠这种努力，他拒绝沉沦到平心静气地接受这个世界，也不因自己的虚幻想象而自满自足。"这是李普曼当时写的一些评论的话。

——中国宽带资本基金董事长田溯宁

216

史蒂夫·乔布斯传

作　者：（美）沃尔特·艾萨克森
出版社：中信出版社
出版年：2011年
定　价：68.00元

内容简介

这本乔布斯唯一授权的官方传记，在2011年上半年由美国出版商西蒙·舒斯特对外发布出版消息以来，备受全球媒体和业界瞩目，而上市后更是引发了世界各地读者的热议和追捧。

两年多的时间，CNN董事长沃尔特·艾萨克森与乔布斯40多次的面对面倾谈，以及与乔布斯100多个家庭成员、朋友、竞争对手、同事的不受限的采访，造就了这本独家传记。

尽管乔布斯给予本书的采访和创作全面的配合，但他对内容从不干涉，也不要求出版前阅读全文的权利。对于任何资源和关联的人，他都不设限，甚至鼓励他所熟知的人袒露出自己的心声。

同样，他的朋友、敌人，还有同事得以为我们提供了一个前所未有的毫无掩饰的视角。

乔布斯的个性经常让周围的人愤怒和绝望，但其所创造出的产品也与这种个性息息相关，全然不可分割，正如苹果的硬件和软件一样。

他的故事既具有启发意义，又有警示意义，充满了关于创新、个性、领导力以及价值观的教益。

精彩书摘

在印度的村庄待了 7 个月后再回到美国，我看到了西方世界的疯狂以及理性思维的局限。如果你坐下来静静观察，你会发现自己的心灵有多焦躁。如果你想平静下来，那情况只会更糟，但是时间久了之后总会平静下来，心里就会有空间让你聆听更加微妙的东西——这时候你的直觉就开始发展，你看事情会更加透彻，也更能感受现实的环境。你的心灵逐渐平静下来，你的视界会极大地延伸。你能看到之前看不到的东西。这是一种修行，你必须不断练习。

推荐导师

今天我特别想推荐《史蒂夫·乔布斯传》这本书。最近两年，这本书对我的影响是最大的。这位作者还写过《爱因斯坦传》《富兰克林传》，都特别好，但是他写得最好看的还是这本《史蒂夫·乔布斯传》。据说乔布斯的夫人对这本书非常不满意，到了什么程度呢？不让她的孩子们读这本书。读过这本书的人都知道，乔布斯是在已经进入了他生命的最后一段时间时才开始跟这位作者讲述人生经历。他是想给他的孩子们留下一个记忆。"以后我不在的时候，孩子们要是问起来，我爸爸每天都去做了什么事情呢？"他希望能给孩子们一个记忆，可是没想到他的夫人对这本书很不满意，所以孩子们也没读到这本书。

我之所以特别喜欢这本书，首先是因为作为一位企业家、创业者，你会看到在成功和失败之间不断转换的乔布斯是怎么样一次又一次地站起来，我觉得这给我的启发特别大。因为我们往往看到的是别人的成功，却没有看到有多少次的失败才带来最后的成功。乔布斯从上学时就开始做苹果电脑，然后很年轻——20多岁就很成功了，但马上就被董事会给踢走了。之后他又创办了一家电脑公司和动画公司——皮克斯，都做得很成功，最后他终于回归苹果。看这本书，你会看到乔布斯怎么从一个不遵规守纪、要独立创新的人，最后变成了创新大师。乔布斯一直强调，很多伟大的企业开始时都是由一个发明者不顾及外界的评语，自己进入了一种创造的状态中，比如微软。他说微软就从无到有变成了一家伟大的公司，那又是何时微软就从一家伟大的公司沦为平庸的公司了呢？就是公司发展壮大之后，董事会就开始非常在意它的销售、它的利润，这时董事会一定就会把创业的发明者换掉，找来销售人才管理，这样企业就变得平庸了。

等到乔布斯再回到苹果时，他非常清楚，他人生中的使命是要做什么，就是通过科技改变人类。乔布斯快要离世的时候，他觉得有必要跟硅谷的几家公司的掌门人谈一下。其中就找到谷歌的创始人拉里·佩奇，他说："你现在这家公司乱了套了，你不要觉得你现在是华尔街很看重的公司，其实你是乱了套了……你现在一定要先想好你要做什么样的公司，你要做什么样的事情，然后专注地去做这些事情，而不要听华尔街的人告诉你做什么。"这是他去世之前给佩奇的一个忠告。

乔布斯是非常追求禅意的一个人。到了一个什么程度呢？就是他很讨厌物质的东西，所以他家里面没家具，就坐在地上。后来我还侧面证实了一下，我有几个朋友跟他很熟，他们家非常简单，你到他们家去，吃的也简单，因为他们就吃菜，什么都不吃，而且是吃生的菜，熟的都不吃。米也是生着吃，菜也是生着吃，什么都吃生的，而且乔布斯有一段时间光吃胡萝卜，吃的脸都变成橙色的了。你可以想象一个疯狂发明者在他的生活里一点一滴地体现出来。他为了找禅的状态，去了一趟印度。他发现不穿鞋很重要，所以他就变成了一个赤脚大仙。到人家高级办公室总不能不穿鞋去吧。他就不穿鞋去，还赤脚踩在人家的咖啡桌上，后来被人家赶出来了。

我觉得一个发明者的专注就是要摒弃外界的一切噪音，无论是成功，还是华尔街或者投资者对你的要求。他自己想象的这个世界应该是没有物质的，乔布斯的专注应该是这本传记给人印象最深的一点。

我觉得我也是想往这条道路上走，但是远远没有他的这种高标准。我们的工地的人都很怕我上工地，因为我到工地总是会发现很多问题，我总要求改这改那。但是我所谓的高标准、严要求，跟乔布斯简直没有办法比。他有一年到了意大利的佛罗伦萨，发现当地石材厂出的石头很漂亮。早期要做苹果商店的时候，乔布斯在大脑里构思了具体的结构，所以他在开这家店之前，先做了一个1：1的模型。在做模板时，他想起了当年去意大利教堂里见过的那种石头。后来他让员工去找。员工拿回来，他说颜色不对，应该是在佛

220

罗伦萨矿场的哪一部分才是这个颜色，他说必须用这个颜色。这种对完美的极致追求是非常吸引人的。

SOHO中国CEO张欣

英国议会往事

作　者: 孙骁骥

出版社: 中国法制出版社

出版年: 2011年

定　价: 38.00元

内容简介

这是一部通俗版的英国议会史。

作者孙骁骥学在英国、忙在英国，自然对大不列颠的方方面面了如指掌。本书从13世纪的英国"大宪章"开始，一直讲到21世纪的"议员贪污案"，期间种种故事都在作者的笔下被轻松解构，让局外人有恍然大悟的感觉。

孙骁骥在行文中一直保持了自己独立思考的气质，没有一味地称赞大英帝国的点点滴滴。书中扬善但不隐恶，一方面对英国民主政治的架构赞扬有加，一方面又直陈英国的国情似乎也不是那么适合君主立宪，从"大宪章"到《权利法案》，用了400多年时间，君主出尔反尔，"大宪章"时常形同废纸。《权利法案》颁布之后，议会也并未从此走上康庄大道，而是走过一段乌烟瘴气的弯路。

孙先生的文笔风趣但不媚俗，他没有满足于介绍英国议会历史的花絮，虽然那是最讨巧的做法，省力又容易叫好、叫座。作者无意于此，他的兴趣在于系统地介绍英国议会从无到有的历史，重在制度反思，而非家长里短。或者说，即使聊到家长里短，也与制度反思有关。

可以说，单凭这两点，这本《英国议会往事》就是不可多得的好书！

精彩书摘

1640年11月3日，议会在威斯敏斯特宫举行。查理一世完全处于弱势，民众群情激昂。查理一世的时代就要结束了！

议会与查理一世斗争的焦点是国王的宠臣威廉劳德和斯特拉福德伯爵。

斯特拉福德伯爵是一个骑墙派，议会决定弹劾他，并通过了处死他的决议，按程序只需国王签字就可执行。查理一世本想救他，但考虑到斯特拉福德可能受不了议会的压力供出国王和王后的隐私，查理决定丢卒保帅。等弹劾的消息传到斯特拉福德耳朵的时候，温特沃斯神色黯然地用拉丁文说出了那段著名的遗言："不要信赖君主们，也不要信赖人的儿子们，因为从他们那里是不能得到拯救的。"

1641年5月，温特沃斯被执行斩首。

1649年1月30日下午两点，查理一世来到断头台，并且作了最后一次演讲：

"我必须要告诉你们，人民想要自由和解放，就必须拥有某种形式的政府，以及保障他们生命和财产的法律。但是这不是意味着他们可以来分享政府的权力，这根本就是与他们毫不相关的事。先生们，国民和君主完全是不可能相提并论的，因为如果他们坚持这么做——我的意思是如果你们让人民拥有我所说的那种自由，他们是永远不可能幸福的。"

推荐导师

联和运通控股有限公司董事长张树新

艺术篇

傅雷家书

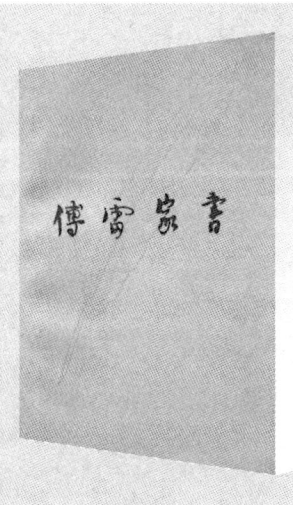

作　者：傅雷

出版社：生活·读书·新知三联书店

出版年：1990年

定　价：18.80元

内容简介

　　《傅雷家书》是一本"充满着父爱的苦心孤诣、呕心沥血的教子篇"，也是"最好的艺术学徒修养读物"，更是既平凡又典型的近代中国知识分子的深刻写照，是可以使我们更好提高自身修养的一本好书。

　　印在这本集子里的，是傅雷先生于1954年至1966年5月写给儿子的186封书信，最长的一封信长达7000多字。字里行间，充满了父亲对儿子的挚爱、期望，以及对国家和世界的高尚情感。傅雷夫妇作为中国父母的典范，一生苦心孤诣，呕心沥血培养了两个杰出的孩子，而他们培养子女先做人后成"家"、超脱小我、独立思考、因材施教等教育思想至今仍为中国的父母们所赞扬和学习。

聪，亲爱的孩子。收到九月二十二晚发的第六信，很高兴。我们并没为你前信感到什么烦恼或是不安。我在第八信中还对你预告，这种精神消沉的情形，以后还是会有的。我是过来人，决不至于大惊小怪。你也不必为此耽心，更不必硬压在肚里不告诉我们。心中的苦闷不在家信中发泄，又哪里去发泄呢？孩子不向父母诉苦向谁诉呢？我们不来安慰你，又该谁来安慰你呢？人一辈子都在高潮—低潮中浮沉，唯有庸碌的人，生活才如死水一般；或者要有极高的修养，方能廓然无累，真正的解脱。只要高潮不过分使你紧张，低潮不过分使你颓废，就好了。太阳太强烈，会把五谷晒焦；雨水太猛，也会淹死庄稼。我们只求心理相当平衡，不至于受伤而已。你也不是栽了筋斗爬不起来的人。我预料国外这几年，对你整个的人也有很大的帮助。这次来信所说的痛苦，我都理会得；我很同情，我愿意尽量安慰你，鼓励你。克利斯朵夫不是经过多少回这种情形吗？他不是一切艺术家的缩影与结晶吗？慢慢的你会养成另外一种心情对付过去的事：就是能够想到而不再惊心动魄，能够从客观的立场分析前因后果，做将来的借鉴，以免重蹈覆辙。一个人唯有敢于正视现实，正视错误，用理智分析，彻底感悟；终不至于被回忆侵蚀。我相信你逐渐会学会这一套，越来越坚强的。我以前在信中和你提过感情的ruin（创伤，覆灭），就是要你把这些事当做心灵的灰烬看，看的时候当然不免感触万端，但不要刻骨铭心的伤害自己，而要像对着古战场一般的存着凭吊的心怀。倘若你认为这些话是对的，对你有些启发作用，那末将来在遇到因回忆而痛苦的时候（那一定免不了会再来的），拿出这封信来重读几遍。

推荐导师

    我觉得这本书讲述的是家庭伦理的传承，它是一本励志的书籍，对年轻人包括成年人都是一个很好的教育。时不时地翻翻，会使我们的人生更加丰富，活得更加智慧、更有意思、更有原则性。我觉得这本书是你随时可以拿起来翻阅的一本书。

白领时装有限公司董事长苗鸿冰

黄金时代

作　者：王小波

出版社：花城出版社

出版年：1999年

定　价：19.00元

内容简介

　　《黄金时代》是"一代名笔"——王小波先生的《时代三部曲》之一，这是以特定历史时期为背景的系列作品构成的长篇。

　　在这组系列作品里面，名叫"王二"的男主人公处于恐怖和荒谬的环境中，遭到各种不公正待遇，但他却摆脱了传统文化人的悲愤心态，创造出一种反抗和超越的方式：既然不能证明自己无辜，便倾向于证明自己不无辜。于是他以性爱作为对抗外部世界的最后据点，将性爱表现得既放浪形骸又纯净无邪，不但不觉羞耻，还轰轰烈烈地进行到底，对陈规陋习和政治偏见展开了极其尖锐而又饱含幽默的挑战。一次次被斗、挨整，他都处之坦然，乐观为本，获得了价值境界上的全线胜利。作者用一种机智的光辉烛照当年那种无处不在的压抑，使人的精神世界从悲惨暗淡的历史阴影中超拔出来。

　　"时代三部曲"是王小波作品的精华，其以喜剧精神和幽默口吻，述说人类生存状况的荒谬故事。故事背景跨越各种年代，描写权力对创造欲望和人性需求的扭曲及压制，展示了知识分子在过去、现在和未来的命运，代表着王小波对文学的理解和他异于寻常的艺术水准。

精彩书摘

这个世界里存在着两个体系，一个来自生存的必要，一个来自存在本身，于是乎对每一个问题同时存在两个答案。这就叫虚伪。

人们可以往复杂的方向进化：在逻辑和功利之间构筑中间理论。通过学习和思想斗争，最后达到这样的境界：可以无比真诚地说出皇帝万岁和皇帝必死，并且认为，这两点之间不存在矛盾。也不知道为什么，这条光荣的道路一点也不叫我动心。我想的是退化而返璞归真。

在我看来，春天里一棵小草生长，他没有什么目的。风气时一匹公马发情，他也没有什么目的。草长马发情，绝非表演给什么人看的，这就是存在本身。我要抱着草长马发情的伟大真诚去做一切事，而不是在人前羞羞答答地表演。在我看来，人都是为了要表演，失去了自己的存在。我说了很多，可一样也没照办。这就是我不肯想起那篇论文的原因。

推荐导师

当当网CEO李国庆

约翰·克利斯朵夫

作　者：罗曼·罗兰
出版社：江苏文艺出版社
出版年：2012年
定　价：68.00元

内容简介

　　江声浩荡，钟声复起……在江声与钟声中，音乐家克利斯朵夫成长、反抗进取、成名……这是一部昂扬奋斗精神与人格力量的书；冲破狭窄天地，迈向更高的境界。海潮的篇章，恢宏的蕴涵，使这部长篇超越主人公个人的历险记，而成为人类的一部伟大史诗。

　　十年积累，十年命笔，当年本书在欧洲发表时，既已取得各界的赞扬。罗曼·罗兰（1866—1944）亦于1915年荣获诺贝尔文学奖。早在1937年傅雷先生即已着手译介此书，1946年出骆驼版全译本，1952年出平明版重译本，半个多世纪来，累计印数百万余部，一代名译哺育了几代学人。

　　人生的苦难是不能得一知己。有些同伴，有些萍水相逢的熟人，那或许还可能。大家把朋友这个名称随便滥用了，其实一个人一生只能有一个朋友，而这还是很少的人所能有的福气。

　　这种幸福太美满了，一朝得而复失的时候你简直活不下去。它无形中充实了你的生活，它消失了，生活就变得空虚：不但丧失了所爱的人，并且丧失了一切爱的意义。为什么世界上有过这样的一个人呢？为什么要有我呢？

　　得一知己，把你整个的生命交付给他——他也把整个生命交付给你。终于能够休息了：你睡着的时候他替你守卫，他睡着的时候，你替他防卫，能保护你所疼爱的人，像小孩一般信赖你的人，岂不快乐？而更快乐的是倾心相许，割腹相示，整个儿交给朋友支配。等你老了，累了，多年的人生重负使你感到厌倦的时候，你能够在朋友身上再生，恢复你的青春与朝气，用他的眼睛去体验万象更新的世界，用他的感官去抓住瞬息即逝的美景，用他的心去领悟人生的壮美……便是受苦也和他一块儿受啊！只要能生死相共，便是痛苦也成为快乐。

推荐导师

　　我看《约翰·克利斯朵夫》，他是在法国破败的贵族，早年是很辉煌的，后来家庭破败，但是自己充满理想不断地追求，其间他也很多次被招安，但是他坚持做音乐的创作，最后也取得了音乐上非常大的成就。我看了书，中毒了，有好几次机会领导想提拔我时，我还是说了不中听的话，结果差了好几步。《约翰·克利斯朵夫》我是读了三遍，央视要做个节目，我又读了一遍，大概100万字呢。

当当网CEO李国庆

唐诗三百首

作　者：（清）蘅塘退士
出版社：中华书局
出版年：2004年
定　价：16.00元

内容简介

　　唐诗集先秦以降中国古典诗歌之大成，同时又开启此后一切诗体形式和诗歌流派之渊源，足受得起古往今来各类的赞扬和褒奖。

　　和我们想象的不一样，《唐诗三百首》并不是一个固定的编目选集，历数下来有数以千计的版本，屡刻皆有增补。其中清朝无锡人孙洙和夫人徐兰英编选的是数以千计的唐诗选集中流传最广、影响最大的一个选本，至今仍是最受读者欢迎的学习唐诗的基础读物。

　　孙选《唐诗三百首》共选取了唐诗310余首，其命名沿袭了"诗三百"的说法，既有继承《诗经》传统的深意，又表明了对唐诗取精用宏的态度。全书共分八卷，按诗体分为五古、七古、五律、七律、五绝、七绝六类，乐府诗附在各体之后，涵盖了唐诗诸体。所选唐诗不仅未遗漏表现盛唐气象的大家之作，也兼顾初唐及中、晚唐著名诗人的代表作，同时，也不忽略默默无闻的诗人的杰作，的确做到了荟萃名篇佳作之旨。

《阙题》

作者：刘脊虚

道由白云尽，春与清溪长。

时有落花至，远随流水香。

闲门向山路，深柳读书堂。

幽映每白日，清辉照衣裳。

推荐导师

　　我觉得一个人的中国心在唐诗宋词上，当然还包括唐宋八大家。今天我在老任（任志强）的办公室看到他自己写的一首"蝶恋花"。我一直认为老任是一个大老粗，突然发现他写了一首"蝶恋花"，确实他写出了自己一路创业的辛酸、汗水与泪水，面对中国这样一个大世界，用自己的雄心豪志贡献自己的力量。但是他不是用大白话讲的，他是用"蝶恋花"的词牌写的。和毛泽东的"蝶恋花"——"我失骄杨君失柳"不同，老任一写就是铁戈沙漠，他能用"蝶恋花"写，意味着我们每一个人都可以读《唐诗三百首》。非常可惜的是，我虽然读了，但是我一首诗都写不出来。我在大学的时候用"清平乐"的词牌写过毕业留言，但是读中国文人之心的感觉是留在心中。当你看到皓月当空、海上明月升起的时候，为什

236

么你要走向戈壁沙漠，为什么要看阳关夕阳？我上个月刚刚醉卧沙漠，在阳关喝完了一斤白酒醉卧沙漠，这种感觉是《唐诗三百首》来的。

——新东方教育科技集团董事长兼首席执行官俞敏洪

其实很多唐诗我都喜欢，严格来说《唐诗三百首》我也许读了一半都不到，记住的也只是片言只语，整篇能背下来的都不容易。给我印象特别深的是李白，比如"君不见黄河之水天上来，奔流到海不复回"。我那时候在农村插队碰到很多事，偶尔翻看一本唐诗读一读，觉得一下子把你带到另外一个境界去了。让你一下子完全超脱开身边那些琐事，到了九霄云外，你好像可以纵览千里以外，一览无余，给你一种全新的境界。当然，除了境界之外，很多诗也告诉你做人的道理，或者对景物非常美好的描写。

中国改革基金会国民经济研究所副所长王小鲁

读书毁了我

作　者：王强
出版社：中信出版社
出版年：2012年
定　价：35.00元

内容简介

　　"我坚信文字只可能呈现出两种存在——'有力量的'存在和'没有力量的'存在。""书房就是我的王国，风景收束于此。"王强说。

　　作为著名的爱书之人，《读书毁了我》记录了知名"书痴"王强寻书、看书、买书、藏书过程中的点滴感受，其对图书的喜爱入痴的状态实在让人叹为观止。你不妨把书看成是王强的"红颜祸水"。因为很多时候，他已经把书当成了他的情人……从历史上的宠物，到厨烟里的大仲马，到莎士比亚的博物学，到伊甸园的黑暗，到曼哈顿的书店，王强与书之间有了太多浪漫的故事。

　　与其说王强是在控诉文字和图书对自己人生和命运的摧残，倒不如说是一个爱书之人在泛舟书海时流露出的小小的傲骄。

书籍的生命在于它所容纳的真理，而真理是战胜一切的东西，"它可以征服国王、美酒和女人。它被视为比友谊更加神圣。它是没有转弯的坦途，是永无终结的生命。"

真理可以有各式各样的表现途径。为什么书籍和它结下了不解之缘呢？柏利的解释是：潜伏于头脑之中的真理是隐藏着的智慧，是看不见的宝藏，而借着书籍闪烁出的真理则诉诸人的每一个感官。读之于视觉，听之于听觉，抄写、装订、校改、保存之于触觉……而以沉默的文字出现的书中的教诲则是人类最合格的师友。你可以坦然自若地与它秘密往来。在它面前，你用不着为自己的无知而脸色羞红。

书籍不仅仅是物质形态的书页的汇集，它们"是书写出来的真理本身"。对于真理的追寻是每一个健全的心灵获得纯洁、宁静的幸福的一个重要根源，因为"幸福就在于运用我们所具有的最高贵和极神圣的智能禀赋"。凡对真理、幸福、智能、知识以至信仰满腔热忱的人，必须成为一个热爱书籍的人。

推荐导师

看了这个书名你也许会觉得，是不是他告诉大家别读书。其实王强是个书痴，常常是他花了很长时间，看了很多书，然后才写了一篇很短的文。比如我们常常说，任志强就是个愤青，同样在这本书里，他说鲁迅经常把中国的最贫穷的和最腐败的一面告诉大家，说他诋毁人民，但是书中反映的一面，恰恰是他爱人民。所以这本书值得大家看一看。当然它还说了很多其他的东西。

中国金融博物馆书院理事会主席任志强

不要因为走得太远
而忘记为什么出发

作　者：徐泓
出版社：中国人民大学出版社
出版年：2013年
定　价：45.00元

内容简介

《东方时空》《实话实说》《新闻调查》《感动中国》这些央视的黄金栏目，原来都出自一人之手，这个人就是陈虻，中国电视纪录片里程碑性的人物。从1985年开始，陈虻在23年的电视职业生涯中为中国电视事业奉献了经典作品，奉献了品牌栏目，奉献了宝贵的理论财富，奉献了青春，奉献了健康，也奉献了自己的生命。而他提出的"从民生出发，以影像抵达，在最官方的平台，讲述老百姓的故事"这一理念至今仍被诸多业内人士奉为圣经，崔永元、白岩松、柴静等一众央视人也将他视为精神领袖。

在陈虻去世后，他的好友将他生前在央视评论部的审片经典言论、讲座精华、报道文章以及影像汇集成书，从18个角度解构他的思想，展示出一个思想深刻而诗意表达的纪录片人之有趣。也许就在你翻开某一页的时候，耳畔就会响起那合着三弦声的台词"讲述老百姓自己的故事"……

精彩书摘

想成功的人都很努力，但成功的人往往只有一小部分。倘若你努力，但你的观念是错误的，很可能离正确的方向越来越远。所以重要的是观念。而认识观念、改变观念完全是由思维方式决定的。

推荐导师

陈虻是我同事，是东方时空的创始人之一，大家都熟悉那句话"讲述老百姓自己的故事"，就是陈虻写出来的，他也使得我们中央电视台的纪录片走到了一个新的境界。过去我们的镜头面对的人都是显耀、精英，从讲述老百姓自己的故事开始，我们《东方时空》才更人文、更平实。他英年早逝，他的墓前面是一块石头，那块石头上刻着一行字，就是"讲述老百姓自己的故事"，当时他要为"生活空间"想出相当于广告语的一句话，想了很久也没想出来。有一天夜里他在半梦半醒之间，脑子里出现了这句话。我想一个人能为这个时代留下这样一句话，这就是他的价值。这本书是陈虻谈业务的一本书，是北大新闻传播学院院长徐泓老师根据陈虻的讲课、座谈记录整理的。可以把它当作一本业务书，但我们的目光不要仅聚焦于业务，我觉得这里有一个人的价值观，有一个人看人的态度。

今年是我们《东方时空》20年纪念，当我们都很年轻的时候，当时白岩松还渴望年老，我们曾经在一起。《东方时空》改变了很多，最起码它首先改变了中国人早晨不看电视的习惯，其实它在观念上，就它对社会的影响，《东方时空》都可以写进中国电视史。现在白岩松同志终于不渴望年老了，也是花白的头发了，我们将在今年纪念一起走过的20年。这时候我看到这本书，这种感慨我特别希望跟大家分享。尽管我们是一块儿走过来的，但是大家是一路看过来的。我现在走到哪里，很多年轻人看到我都会说，我们都是看着你的节目长大的。我们特别怀念《东方时空》和《焦点访谈》在20世纪90年代中后期让人期待、让人守候的那段时光，那是做电视人的黄金时期，那是做电视人的幸福。我不知道那个时代会不会回来，今年我们怀着这样一种心情回味那个年代，纪念那个年代，这本书就是一本特别"有形"的纪念。

中央电视台著名主持人敬一丹

平凡的世界

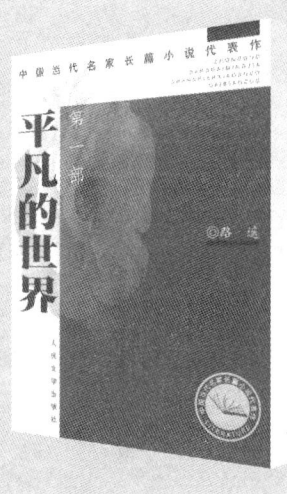

作　者：路遥

出版社：人民文学出版社

出版年：2004年

定　价：60.00元

内容简介

"茅盾文学奖皇冠上的明珠，激励千万青年的不朽经典"。

这是一部全景式地展现中国当代城乡社会生活的长篇小说。作者在近十年间的广阔背景之上，通过复杂的矛盾纠葛，刻画了社会各阶层众多普通人的形象。劳动与爱情、挫折与追求、痛苦与欢乐、日常生活与巨大社会冲突纷繁地交织在一起，深刻地展示了普通人在大时代历史进程中所走过的艰难曲折的道路。

作者路遥凭借本作拿到了茅盾文学奖，更凭借着这部作品将自己的名字永远镌刻在中国文学的画卷之中。屈指数来，据路遥去世已有二十多年，但仍有一代又一代的读者成为《平凡的世界》的忠实读者，期盼着能够像主人公孙氏兄弟那样在沉重的生活中发掘自己被禁锢的价值，能够挥写出属于自己的自强不息的命运主旋律。

在我们这个星球上，每天都要发生许多变化，有人倒霉了；有人走运了；有人在创造历史，历史也在成全或抛弃某些人。每一分钟都有新的生命欣喜地降生到这个世界，同时也要把另一些人送进坟墓。这边万里无云，阳光灿烂；那边就可能风云骤起，地裂山崩。世界没有一天是平静的。

可是对大多数人来说，生活的变化是缓慢的。今天和昨天似乎没有什么不同；明天也可能和今天一样。也许人一生仅仅有那么一两个辉煌的瞬间——甚至一生都可能在平淡无奇中度过……

不过，细想过来，每个人的生活同样也是一个世界。即使是最平凡的人，也得要为他那个世界的存在而战斗。从这个意义上说，在这些平凡的世界里，也没有一天是平静的。

其实这本书对我们的影响是很大的，因为任总（任志强）有的时候老是说"小潘不读书"，我就气他，"我不读书，可是我老写书啊"。读书对一个人人生的影响是非常大的，现在让我给朋友们推荐几本书非常的困难。书像人生的路标一样，可能在这个阶段这本书对你的影响是非常大的，过了一段时间这本书对你就没有意义了。可是《平凡的世界》这本书对我的影响是刻骨铭心的，能够读上七遍，每一次读了以后都哭，都一直流泪，不是为了孙少平如何受了伤、如何惨流泪，就是跟田小霞的爱情，两个人中一个人死了，一个人仍然到杜梨树下赴约，他们的约会永远没有成功。我专门上了一次延安，到路遥的墓去了一次，此前通过一些资料看到路遥的墓很漂亮，等我上去一看，特别的破败，我给他们留下10万块钱，我说无论如何种一株杜梨树，他们说杜梨树漫山遍野都是，为什么要种？我说你读过《平凡的世界》的话就知道，杜梨树是象征爱情的。

我觉得它就是我的镜子，两位主人公，一个是孙少平，一个是孙少安，我算得上是他们俩的组合，我也有孙少安的经历，也有孙少平的经历，《平凡的世界》更像我的一面镜子。当有时候我们在城里待的时间长，比较的矫情，觉得困难克服不了了，通过这本书我可以平静下来。

SOHO中国董事长潘石屹

百年孤独

作　者：（哥伦比亚）加西亚·马尔克斯

出版社：南海出版公司

出版年：2011年

定　价：39.50元

内容简介

马尔克斯的《百年孤独》使他成为拉丁美洲的骄傲，也让他获得了世界级的声望。更是他得到1982年诺贝尔文学奖的重大诱因。

《百年孤独》是魔幻现实主义文学的代表作，描写了布恩迪亚家族七代人的传奇故事，以及加勒比海沿岸小镇马孔多的百年兴衰，反映了拉丁美洲一个世纪以来风云变幻的历史。

作品融入了神话传说、民间故事、宗教典故等神秘因素，巧妙地糅合了现实与虚幻，展现出一个瑰丽的想象世界，成为20世纪最重要的经典文学巨著之一。

孤独是相通的。

一个在自己的思想世界里遨游，整日里一个人勾画未来回忆过去的每个人都是孤独的。这么说来，大多数人都免不了孤独，因为真正的知己有几个，如果有人能够洞穿你的心思，有人能协同你的遭遇，有人能不懈关注你的动态，也许你并不孤独；但也许孤独的还是你，而不孤独的是那个人，因为他的世界是开放的，因为包容了你，而你的世界是封闭的，你的所观所感还是没有基于别人的体验和想法。

除非你是我，才可与我常在。每个人都注定有孤独，只要愿意静下心来思索的人必然都深味过孤独。寻找伴侣的路途，其实只是求一个分享，求一个稳固的关系维系住相濡以沫共存共生的世界。

实体的世界只占到了一个人生命的极小一部分，心的世界才占多数。

推荐导师

实际上《百年孤独》是我在大学三年级读的，总共读了两三遍。其实当时刚好我是挺孤独的，刚得完肺结核，没有一个女同学来找我，男同学也躲着我，因为怕传染。其实坦率地说，《百年孤独》这本书并不是因为孤独才去读。我觉得有两本书写尽人生沧桑，一本是《红楼梦》，另一本就是《百年孤独》。这本书讲述了一个家族在拉丁美洲变革历史中的经历，用了魔幻现实主义的语言。那种语言我特别喜欢，一上来就是穿街走巷的吉普赛人。加西亚·马尔克斯用了非常丰富的语言描述了拉丁美洲变革的时候，参加革命、变革的家族，从他的祖母开始到他的兄弟姐妹，都为了这个民族的独立和生存不懈斗争。这个结局也很有意思，大风和大水，把已经被虫子蛀烂的房子一扫而空。具体的情节毕竟是20年了，有点不太清楚了，我现在之所以能想到这本书，就是当时这本书给我带来了很大的冲击。中间写了很多爱情故事，当一个事情腐朽的时候，你只能眼睁睁看着它腐朽下去，一点挽救的余地也没有，《红楼梦》也是这种感觉，白茫茫一片大地真干净。这就是人生、社会和历史的生生不息，它是一个大的背景，并不是讲一个人的孤独。

新东方教育科技集团董事长兼首席执行官俞敏洪

大家都看到当下，没有回忆过去和远眺未来。《百年孤独》其实用很魔幻的手法，表现了一个家族在一个社会大背景中的各种故事。其实最终讲了一个道理，一旦过去的东西都变成了历史，就都应该是美好的，即使它很残酷、很残忍。这令我们不禁想到，我们老了的时候回忆过去的日子，所有的苦难都会变成财富，所有的以前认为莫大的痛苦都会变成一种很美好的回忆。

北京中坤投资集团董事长黄怒波

三国演义

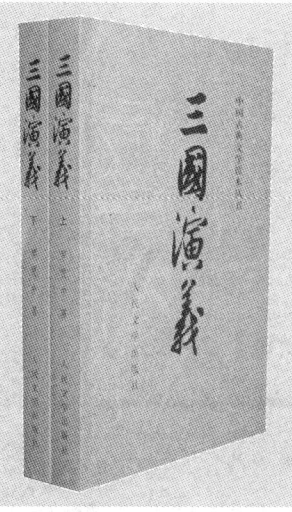

作　者：（明）罗贯中

出版社：人民文学出版社

出版年：1973年

定　价：39.50元

内容简介

东汉末年，军阀混战，引来"十八路"诸侯联军征讨董卓，打的是"扶持王室，拯救黎民"的旗号，干的是钩心斗角、尔虞我诈的勾当，各怀心腹事，都企图称王称霸。

吕布、赵云、关羽，官渡、赤壁、街亭，斩华雄、空城计、长坂坡、七擒七纵，一看三叹，三国风云起，几度夕阳红。

只可叹，滚滚长江东逝水，浪花淘尽英雄。

这个豪强们为攫取最高统治权而进行的政治斗争和频繁混战的动乱时代，魏、蜀、吴纵横捭阖、逐鹿争雄的历史画卷，终有曲终人散之时，只有刘、关、张桃园结义的香火还依稀在世间飘摇。

时操方解衣歇息，闻说许攸私奔到寨，大喜，不及穿履，跣足出迎，遥见许攸，抚掌欢笑，携手共入，操先拜于地。攸慌扶起曰："公乃汉相，吾乃布衣，何谦恭如此？"操曰："公乃操故友，岂敢以名爵相上下乎！"攸曰："某不能择主，屈身袁绍，言不听，计不从，今特弃之来见故人。愿赐收录。"操曰："子远肯来，吾事济矣！愿即教我以破绍之计："攸曰："吾曾教袁绍以轻骑乘虚袭许都，首尾相攻。"操大惊曰："若袁绍用子言，吾事败矣。"攸曰："公今军粮尚有几何？"操曰："可支一年。"攸笑曰："恐未必。"操曰："有半年耳。"攸拂袖而起，趋步出帐曰："吾以诚相投，而公见欺如是，岂吾所望哉！"操挽留曰："子远勿嗔，尚容实诉：军中粮实可支三月耳。"攸笑曰："世人皆言孟德奸雄，今果然也。"操亦笑曰："岂不闻兵不厌诈！"遂附耳低言曰："军中止有此月之粮。"攸大声曰："休瞒我！粮已尽矣！"操愕然曰："何以知之？"攸乃出操与荀彧之书以示之曰："此书何人所写？"操惊问曰："何处得之？"攸以获使之事相告。

我读《三国演义》时已经进了北大，《三国演义》我读了很多遍，现在提到《三国演义》，很多故事我都能回想起来。

《三国演义》的英雄主义情结对我经营新东方也有启发。我读《三国演义》觉得是几个英雄用不同的方式争天下，曹操有曹操留人才的方法和他的志向，不管书中怎么样描述他，我们对历史的了解证明曹操是一个英雄，而不是在中国传统中的奸雄，我在大学读

《三国演义》认为曹操是一个英雄。刘备用了另外一种方法证明自己是一种英雄。我的个性更像刘备，虽然类似孙权父兄英雄的行为，能从父兄中把江东土地接下来，并且最后平稳地交给自己的子孙，在战争中还能任用年轻将领把关羽打败也很令人钦佩。我个人从刘备中受启发比较多，原先我的个性中有一点点像刘备，自己没什么本领，但是希望通过自己的大度和奉献自己的眼泪，来博取像黄怒波这样枭雄的怜悯。

新东方教育科技集团董事长兼首席执行官俞敏洪

霍乱时期的爱情

作　者：（哥伦比亚）加西亚·马尔克斯

出版社：南海出版公司

出版年：2012年

定　价：39.50元

内容简介

这部光芒闪耀、令人心碎的作品是人类有史以来最伟大的爱情小说。（《纽约时报》）

《霍乱时期的爱情》是加西亚·马尔克斯获得诺贝尔文学奖之后完成的第一部小说。讲述了一段跨越半个多世纪的爱情史诗，穷尽了所有爱情的可能性：忠贞的、隐秘的、粗暴的、羞怯的、柏拉图式的、放荡的、转瞬即逝的、生死相依的……再现了时光的无情流逝，加西亚·马尔克斯亲陈"这是我最好的作品，是我发自内心的创作"，更是20世纪最重要的经典文学巨著之一。

世人常说"再不相爱就老了"，而马尔克斯说"我们可以老了再相爱"。

精彩书摘

半夜里，他穿上礼拜日的衣服，独自跑到费尔米纳的阳台下面拉起那支为她谱写的爱情圆舞曲，这支曲子只有他们俩才是知音，也是三年来和他朝夕相伴而又折磨着他的心曲。他边拉边低吟着歌词，泪水滴湿了小提琴，那一片痴情，连顽石也会点头叹息。从头几段开始，街上的狗就开始唱和，接着全城的狗都叫开了，但随着如泣如诉的音乐，狗叫声逐渐停息了，圆舞曲在一片可怕的寂静中结束了。阳台上的窗户没有开，一个人也没到街上来，就连那个差不多总是提着油灯赶来，从唱小夜曲的遗老遗少身上发点洋财的守夜人也没出现。这一幕，使阿里萨如释重负。当他把提琴放进盒子，头也不回地沿着死一般寂静的街道回去的时候，已经觉得他不是次日清晨要出走，而是觉得仿佛在许多年前他就带着绝不回头的决心出走了。

推荐导师

我的恋爱史受影响比较大的是加西亚·马尔克斯写的《霍乱时期的爱情》，我是特别相信世界上有爱情的一个人。《百年孤独》我没怎么把它啃完，但是这本书就是特别完整的故事，就是讲一个乡间的医生怎么样爱上了一个富人家的小姐，然后他就一直等，其间又有霍乱又有战乱，经过了所有的一切，到最后这两个人可能都已经是七十多岁的年纪，又碰到了，又好上了。我自己觉得是特别美的一部爱情小说，所以我觉得还是应该寻找这种爱情的。

——《ILOOK》杂志出版人洪晃

上帝掷骰子吗

作　者：曹天元

出版社：辽宁教育出版社

出版年：2006年

定　价：32.00元

内容简介

　　《上帝掷骰子吗》这本书是关于深奥晦涩的量子论的，但是作者把它写得像网络文学或是地摊文学一样浅显易懂、引人入胜。请注意，这是真实的评价，不是书托们矫揉造作的溢美之词。

　　在这本书里，每一个科学家和他们曾经的人生历程和科学经历都被赤裸裸地展现在大家的面前，没有了神秘的光环，也没有神话的色彩。你会发现，其实这些伟大的人和我们普通人一样也有七情六欲，也有得失成败，而他们每一次的实验也都有着不确定的因素，他们的每一次成功也都有着买彩票的运气。但真正让人惊叹的，不仅仅是科学史上那令人眼花缭乱的绚丽风景，更来自于科学家内心深处的思索和启示——那是科学深植在每个人心中不可抗拒的魅力。

　　我们不可能奢望每个人都成为伟大的科学家，但是我们可以通过这本书看看那些伟大的科学家是什么样子的，他们又是怎么样影响整个人类的。

这本书适合任何有中学基本物理概念的读者。

精彩书摘

阿基米德的浴缸，牛顿的苹果，瓦特的茶壶，爱因斯坦的小板凳……科学史上流传着太多我们耳熟能详的故事。它们带着强烈的传奇色彩，在孩提时代曾那样打动我们的心灵，唤起对天才们的深深崇敬和对科学的无限向往。然而时至今日，我们再度回头审视这些传说，却会发现许多时候，它们的象征意义过分浓厚，从而不可避免地掩盖住了历史的本来面目，掺入了太多情感的成分。令人吃惊的是，大家从小所熟悉的那些科学家的故事，若是仔细推敲起来，几乎没有多少是站得住脚的。传奇最终变成了神话(myth)，而我们也终究长大。

推荐导师

我说过一句话，"读书是向上的力量，是很拓展思维的力量。"世界是无限的，是无边无沿的，这些著作对我们讨论现实的经济问题也是有帮助的。我原来从事改革，改革是多维空间的问题，应该是一组目标集中在一起，不是单一目标，你一定有一个取舍，你从什么角度衡量这个取舍，我们称之为先后的顺序，也称之为突破口。我相信读这种物理学的书，对理解这种情况是有帮助的。如果说霍金的书比较难读，《上帝掷骰子吗》这本中国人写的书应该更好读一些。他总结了100多年前，20世纪初的物理学革命、大尺度空间、量子力学等内容。你发现在观察现象时一定有你的主观因素在里面。这本书如果大家完全作为业余爱好来看，在思维上是有帮助的，而且作者娓娓道来，故事很精彩。

中国银行首席经济学家曹远征

平面国

作　者：（英）埃德温·A.艾勃特

出版社：江苏人民出版社

出版年：2009年

定　价：26.00元

内容简介

有一个国家，名叫平面国，在这个国家里，一切都是平面的，国土是平面的，山川河流是平面的，连人也是平面的：最贫穷卑微的是等腰三角形，最高贵的是圆形，最让人害怕的是直线……平面国里的房屋建造、行走规则、辨认方式以及阶级斗争也都自成一体、妙趣横生。

埃德温·A.艾勃特，英国著名神学家和小说家，一生有两大成就：一是教导了英国首相阿斯奎斯；二是写下了这本科幻小说《平面国》。

1884年，艾勃特以科幻小说的形式提出不同维度世界的存在及各维世界之间的关系。他详细介绍了一个只有两维的世界，通过描写平面国中的"人"如何活动（包括房屋构造、女性行走规则、阶级斗争等）而使读者感到原来这样的国度、这样的生物确实可能存在。接下来是妙趣横生的零维国、一维国、二维国和三维国生命之间的大争论……由于其生动而严谨的叙事，即使是到了人们提出微观世界可能由十个维构成的20世纪80年代，《平面国》仍能作为一本空间"第一书"得到人们的推崇和引用。

直至今日，英国前首相阿斯奎斯已经没有几个人记得了，更不要说他的老师艾勃特了。但是这本《平面国》却一直被人们奉为科幻经典，进而为艾勃特博得了青史美名，不知道艾老师天堂有知，会做怎样的感想。

精彩书摘

如果我们的士兵阶层锋利的角让人畏惧的话，那么可以推断，我们的女性更让人害怕。因为如果我们的士兵是枚楔子，我们的女性则是枚针，可以说她们至少指向两个极端。除此之外，她们还有随时隐身的能力。可想而知，平面国的女性绝非好惹。

在此，一些年轻的读者也许会问平面国的女性怎么能隐身。我想，这本应该是不言自明的。但我还是想说几句，让那些不爱动脑筋的人明白。

把一根针放在桌上。然后，让你的目光与桌面处于同一水平，从侧边看，你看到的是针的整个长度；但从末端看，你能看到的只能是个点，实际上也就看不见了。这个道理与我们国的女性是相同的。当她面对我们时，我们看到一条直线；当她把眼睛或嘴所在那端——对我们来说这两个器官是一样的——对着我们时，我们看到的只是一个闪着强光的点；但当她背对我们时，那么，由于光线不强，实际上几乎与无生命的物体一样暗淡，她的后端就相当于一种让她隐身的帽子。

现在，空间国中理解力最差的人也能明白女性对我们可能构成的危险。倘若即使位处中等阶级的体面的三角形的角也不是没有危险，倘若撞上工人免不了在身上留下很深的缝隙，倘若与部队军官相撞少不了受重伤，倘若与普通士兵的端点轻轻一碰就有致命的危险，与女人相撞除了立即死亡之外还能怎样呢？当女人不可见，或者能看见的话也只能是一个发着微光的点时，即使是最谨慎的人要避免与她们相撞必定是多么难啊！

推荐导师

这本书一般人不看的，而且是薄薄的册子。这本书讲的是平面的事情，而不是人类世界的事情。平面人都是符号的，在平面国里地位最低下的人是三角形，因为脚太尖，容易让人受伤，这些人是躲着他们的。再高一级的是四边形，然后是五边形，之后是六边形、七边形，最高的是圆形的人。这些符号在平面上生活，永远不能理解我们三维世界的事情。一提起三维的世界，他们说是上帝。这就是另外一个世界的事情。这本书让我了解了不同的世界观。

今天我们是生活在三维的世界里，我们根本不了解四维以上的世界如何看待我们人类。这本书写得很好，例如三角形碰到平行四边形应该怎么说，还有他们间的社会地位和对话很有意思。这本书让我从不同的思维层面思考问题。

——SOHO中国董事长潘石屹

兄　弟

作　者：余华
出版社：作家出版社
出版年：2010年
定　价：43.00元

内容简介

　　"这就是人世间，有一个人走向死亡，可是无限眷恋晚霞映照下的生活；另两个人寻欢作乐，可是不知道落日的余晖有多么美丽。"

　　《兄弟》是作家余华的代表作之一，分上、下两部，讲述了江南小镇两兄弟李光头和宋钢彼此的人生历程。小说获得法国著名的《国际信使》周刊设立的"首届《国际信使》外国小说奖"。

　　这是两个时代相遇以后出生的小说，前一个是过去的故事，那是一个精神狂热、本能压抑和命运惨烈的时代，相当于欧洲的中世纪。后一个是现在的故事，那是一个伦理颠覆、浮躁纵欲和众生万象的时代，更甚于今天的欧洲。一个西方人活四百年才能经历这样两个天壤之别的时代，一个中国人只需四十年就经历了。四百年间的动荡万变浓缩在了四十年之中，这是弥足珍贵的经历。连接这两个时代的纽带就是这兄弟两人，他们的生活在裂变中裂变，他们的悲喜在爆发中爆发，他们的命运和这两个时代一样地天翻地覆，最终他们必须恩怨交集地自食其果。

差不多凌晨三点的时候，他们看到林红从远处走来。林红出现在我们刘镇空空荡荡的大街上，她走过一盏路灯时浑身闪亮，随即走进黑暗里，接着又浑身闪亮地走在另一盏路灯下，随即又走进了黑暗里。她低着头双手抱住自己的肩膀幽幽地走来，像是从生里走出来，走到了死，又从死里走出来，走到了生。

我选了一本中国的书——《兄弟》，因为余华是我们浙江人。他这本书跨度有三四十年，我从小长大的环境是挺安静的，我不知道我们海盐那个地方在当年的时候有那么大的事，还有那么惨烈的故事，我感觉这部小说对我们这些人了解那段历史特别有帮助。下部基本上讲了最近这二三十年，按照余华的说法是浮躁、急剧变动的二三十年，他甚至认为我们走完了欧洲人两百年、三百年走完的历史。

——红杉资本创始及执行合伙人沈南鹏

白鹿原

作　者：陈忠实
出版社：人民文学出版社
出版年：1993年
定　价：12.95元

内容简介

《白鹿原》是中国文学史近六十年的巅峰之作！

陈忠实的长篇小说《白鹿原》，以陕西关中平原上素有"仁义村"之称的白鹿村为背景，细腻地反映出白姓和鹿姓两大家族祖孙三代的恩怨纷争。全书浓缩着深沉的民族历史内涵，有令人震撼的真实感和厚重的史诗风格。 1993年6月出版后，其畅销度和广受海内外读者赞赏欢迎的程度为中国当代文学作品所罕见。1997年荣获中国长篇小说最高荣誉——第四届茅盾文学奖。后被改编成同名话剧、电影等多种形式。

在从清末民初到建国之初的半个世纪里，一阵阵飓风掠过了白鹿原上空，而每一次的变动都震荡着它的命运。在这里，人物的命运是纵线，百回千转，社会历史的演进是横面，愈拓愈宽，传统文化的兴衰则是全书的精神主体，以致人、社会历史、文化精神三者之间相互激荡、相互作用，共同推进了作品的时空，在我们眼前铺开了一轴恢宏的、动态的、极富纵深感的关于我们民族灵魂的现实主义的画卷。

正如陈忠实在开篇引用巴尔扎克语所言："小说是一个民族的秘史！"

精彩书摘

好好活着！活着就要记住，人生最痛苦最绝望的那一刻是最难熬的一刻，但不是生命结束的最后一刻；熬过去挣过去就会体验呼唤未来的生活，有一种对生活的无限热情和渴望。他又一次对他的太太说："好好活着！活着就有希望！"妻子抿嘴笑笑："你回到老家心情很好！"白孝文依然觉得太太不能理解人的心情。

白嘉轩从族人热烈反响里得到的不仅是一种荣耀，更是一种心理补偿。他听到人们议论说"龙种终究是龙种"，就感到过去被孝文掏空的心又被他自己给予补偿充实了，人们对族长白家的德仪门风再无非议的因由了。他依然拄着拐杖佝偻腰走进家门走出街巷，走进畜棚走向田野，察看棉田备耕观望麦子成穗的成色，听孝义兔娃呵斥牲畜的嘎气的嫩嗓子的吼喊，或者和愈见笨拙愈显痴呆的鹿三对着烟锅吸一袋旱烟，在村巷田头和族人们聊几句庄稼的成色，讨论播种或收割的时日，并不显示长老子的傲慢或声势。决定棉花下种的那天后晌，他丢了拐杖挎起盛着经过拌灰的棉籽的竹条笼，跟着兔娃屁股后头往犁沟里刨点棉籽儿。他不是怕孝武孝义撒籽不匀，而是想在湿漉漉的田地里走一走。他不是做示范，而是一直坚持干到把那块棉田种完，才跟着儿子们一起于傍晚时分收工回家。他端起儿媳侍候上来的小米黄粥喝得起了响声，声音像扯断一幅长布。白嘉轩心情很舒适地对儿子们说："人是个贱虫。人一天到晚坐着浑身不自在，吃饭不香，睡觉不实，总觉得慌惶兮兮。人一干活，吃饭香了，睡觉也踏实了，觉得皇帝都不怯了。"

推荐导师

　　我妈妈是陕北人，陕西也是文化底蕴比较厚的地方。我们新时期以后出版的书，好的长篇小说能找到十本就不错了。我看过一些资料，陈忠实不认为他会变成作家，他在上学的时候尝试着写了一点东西就被杂志发表了，以后他觉得自己可能还是有写东西的能力，就开始写了，一个编辑跟着他很长时间。他和编辑配合得非常好，编辑早就看出来他的价值，他在编辑的支持下成名了。但是等他成名之后，他听一个朋友说起了编辑对他的评价，说陈忠实最大的毛病，永远改不了主题先行，当作家最忌讳主题先行。他觉得我这么成功了，在别人眼中还是主题先行，他觉得很震撼。

——博源基金会理事长秦晓

宋词选

作　者：胡云翼
出版社：上海古籍出版社
出版年：2007年
定　价：25.00元

内容简介

从"十年生死两茫茫"的悲凄到"红藕香残玉簟秋"的婉约，从"老夫聊发少年狂"的气魄到"待从头、收拾旧山河，朝天阙"的壮怀，中国文学艺术的长河在两宋时期，流入了一个崭新的词话天地。

宋词乃中国词史上的艺术巅峰，几百年来，一直以自己丰富的情思意蕴和独特的艺术魅力，为广大读者所喜爱，在我国文学史上亦占有相当重要的地位。

由胡云翼先生选注的《宋词选》，所录两宋名家词，较为重视作品的思想性和艺术性的统一，具有一定的价值。除了注释浅显通俗、注意词句的串讲这个特点外，还对作家和作品作了简要的介绍和说明，这显然有助于读者更好地阅读和理解这些古典文学作品。

在文学方面，苏轼是革新的主将。他对于词的发展上所作出的贡献，超越了所有的前人。他摧毁了词的狭隘的藩篱，替词坛开辟了广阔的园地。他以诗为词，扩展词的内容到怀古、咏史、说理、谈玄、感时伤事，以及对山水田园的描绘、身世友情的抒写，达到"无意不可入，无事不可言"的境地。作者既然用词来反映自己生活的各个方面，以充分地表达思想感情为主，就必然在一定的程度上突破了音律的束缚，而不是以协乐为主。他的词"间有不入腔处"，并不是不懂歌曲，而是"不喜剪裁以就声律"，不愿意让作品的内容受到阉割。

还应该指出：苏轼词的意境和风格都比前人有所提高。他作词不纠缠于男女之间的绮靡之情，也不喜欢写那些春愁秋恨的滥调，一扫晚唐、五代以来文人词的柔靡纤弱的气息，创造出高远、清新的意境和豪迈奔放的风格。在他的词里，有"乱石穿空，惊涛拍岸，卷起千堆雪"（《念奴娇》）的古战场景色，有"小舟横截春江，卧看翠壁红楼起"（《水龙吟》）的壮丽图画，有"清溪无底，上有千仞嵯峨"（《满庭芳》）的惊险镜头，有"琼楼玉宇，高处不胜寒"（《水调歌头》）的高渺景象，有"日暖桑麻光似泼，风来蒿艾气如薰"（《浣溪沙》）的农村风光，有"雄姿英发""羽扇纶巾"（《念奴娇》）的英雄人物，有"笔头千字，胸中万卷，致君尧舜"（《沁园春》）的知识分子，有"会挽雕弓如满月，西北望，射天狼"（《江城子》）的爱国志士，有"相排踏破蒨罗裙"（《浣溪沙》）的乡村姑娘……这些都是使读者耳目一新的境界，构成词坛里崭新的气象。到了这时候"词为艳科"的概念才有所改变，词的内涵才更丰富，风格才更多样化。特别是苏轼那种独特的，笔力纵横、气势磅礴的豪放词风，对于词的发展起了极为有益的推动作用。词的豪放派是从他起始的。

推荐导师

中国改革基金会国民经济研究所副所长王小鲁

走夜路请放声歌唱

作　者：李娟

出版社：湖南文艺出版社

出版年：2011年

定　价：25.00元

内容简介

戈壁滩上，只需一棵树，就能把大地稳稳地镇在蓝天之下。

阿尔泰茫茫群山中，只需一片纯真，走夜路也能无所畏惧。

李娟，作家，生活在新疆阿勒泰，现居喀纳斯景区。

她的文字，无法教出也无法模仿。任何一个小情节，总能在她的笔下活泼自然地以原貌展现。在她的世界里，一直有我们久违了的朴素情感和梦想。在这本《走夜路请放声歌唱》里，李娟就是你身边人群里最普通不过的一个年轻人，她和你一样，内心丰富，汹涌澎湃，敏感又清晰。她写生活，从生活中透露出来的欢愉、伤悲、无力、感悟，心里的伤悲和淡漠以及生活中深深浅浅的东西，直指人心，叫人颤抖。

城市已经没有晚餐。我们在夜晚与之聚会的那些人，都不需要晚餐。食物原封不动地被撤下，话题如迷宫般找不到出口。说尽了一切的话语后，仍没能找到自己最想说的那一句。而那一句在话语的汪洋中挣扎着，最后终于面目模糊地沉入大海——大海深处如此寂静、空旷。

我也在我生命的海洋中渐渐下沉。每当我坐在那些满满当当地摆放着精美食物的餐桌边，身边的人们突然素昧平生。我一边努力地分辨他们的面容，一边持续下沉，沉啊沉啊……餐桌下悄悄拉住我手的那人，拉住的其实不是我的手。我拼命向他求救，他却只能看到我在微笑。

偶尔浮出水面的时刻，是那些聚会结束后的深夜。与大家告别后我独自走向街头，走过一盏又一盏路灯。走啊走啊，眼看就要接近真相了，眼看就要洞晓一切了。这时，脚下神秘的轴心一转，立刻又回到了原先的街道，继续无边无际地走啊走啊。唯一不同的是，之前神色疲惫，之后泪流满面。

这双流泪的眼睛啊，你流泪之前看到过什么呢？

推荐导师

这是一本偏书，偏到它根本不教大家怎么赚钱，不教大家怎么赢在中国，不教大家说谁的成功可以复制。她什么都不教，她的这本书里只是把她对世界的看法，清清淡淡地写出来，所以我看完这本书以后无比的洁净，内心洁净，目光洁净，世界是洁净的。她的书写的不是人间也不是天堂，是人间和天堂之间的一个地方，这个地方好像只有她去得了，我们好像去不到那里。所以在翻开这本书的时候，我经常会觉得要跟随她，看完一段以后停下来，想一会儿再重新回头读一遍。我今天不是推荐这本书，介乎于散文和诗之间的一本书。李娟也是相当年轻的女性，常年在新疆的阿勒泰。她还有好多本，你们可以搜一下李娟的作品，这本书发行量也就四五万。但是我觉得确实在今天这个时代，在这么匆忙、这么浮躁、这么功利的时代，依然有人内心纯净，淡然地看待自己的生命，这是令我崇敬的，所以我希望跟大家分享。

观印象艺术发展有限公司联合创始人兼CEO王潮歌

战争与和平

作　者：（俄）列夫·托尔斯泰
出版社：上海文艺出版社
出版年：2007年
定　价：68.00元

内容简介

　　托尔斯泰的《战争与和平》是世界上最伟大的小说，且没有"之一"。这洋洋洒洒139万字的巨著就像是一部用文字写下的气势磅礴、规模浩大的史诗电影，描绘了这世上形形色色、各不相同的人们，也记录了人间熙熙攘攘、似曾相识的景象，从炮火纷飞、硝烟弥漫的战场，到雍容华贵、名流荟萃的宴会厅；从温馨和谐、华丽奢侈的贵族生活，到鸡飞狗跳、糊口度日的穷人家庭；从法国皇帝拿破仑到俄国皇帝亚历山大，从贵族老爷、伯爵夫人到普通士兵、伤员战俘，从神父教士到仆役农奴……对社会反映之广、描绘人物之多，确实是世界小说史上所罕见。

　　讽刺的是，就在托尔斯泰饱含激情地写下《战争与和平》不久，一场远比1812年的法俄战争更为浩大、更为残酷的世界大战爆发了。托尔斯泰笔下的场景再一次浮现在了人们的面前，而对于战争的憎恶和对和平的渴望又成为下一个时代文学创作的主旋律。

精彩书摘

天气寒冷而且晴朗。在肮脏的、半明半暗的街道上方，在黑糊糊的屋顶上方，伸展着撒满繁星的灰暗天空。皮埃尔只有在仰望天空的时候，才不觉得人世的一切，比起他现在灵魂的高度，是那么卑鄙可耻。在阿尔巴特广场的入口，一大片灰暗的星空展现在皮埃尔的眼前。几乎是在这片天空的中央，在圣洁林荫道上方，悬着一颗巨大的明亮的一八一二年彗星，据说这是一颗预示着各种灾难和世界末日的彗星，它周围被撒满了的星斗拱卫着，它不同于众星的是它低垂地面，放射白光，高高地翘起长尾巴。但是在皮埃尔心中，这个拖着光芒四射的长尾巴的明星，没有引起任何恐惧的感觉。相反，皮埃尔怀着欣赏的心情，用那被泪水浸湿的眼睛望着这颗璀璨的明星——它以无法形容的速度，沿着抛物线在无限的空间飞驰，忽然间，就像一支射向地球的利箭，在黑暗的天空中刺入它选定的地点就停住了，强劲地翘起尾巴，在无数闪烁的星星中间，炫耀着它的白光。皮埃尔觉得，这颗彗星和他那颗生气勃勃地走向新生活、变得软化和振奋起来的心灵完全吻合。

推荐导师

毛姆是我非常喜欢的作家，他不主张文学作品承载太多的价值和历史的责任。别人让毛姆推荐十本书，他选择了《傲慢与偏见》《红与黑》《巨匠杰作》等作品，而这本《战争与和平》也是其中的一本。

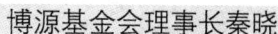

博源基金会理事长秦晓

歌德谈话录

作　　者：（德）爱克曼
出版社：人民文学出版社
出版年：1978年
定　　价：0.91元

内容简介

　　歌德的名字在今天的中国，如同在世界其他文明国家一样，是家喻户晓的。

　　凡是爱好文学的或有一定文化知识的中国人，都敬仰、赞美歌德，都知道歌德不仅是一位可与荷马、但丁、莎士比亚相提并论的大文豪、大诗人，也是一位可与文艺复兴时期的伟大人物如达·芬奇相媲美的文化巨人。他思想敏锐、学识渊博、多才多艺，不仅搞过评论、编过刊物，当过画家和剧院经理，而且还是政治家、教育家和自然哲学家；他留下的那一份丰富的文学和思想遗产，直到今天，仍在影响着全人类和整个世界。

　　《歌德谈话录》真实地记录了歌德晚年最成熟的思想和实践经验，涉及哲学、美学、文艺理论、创作实践，以及日常生活和处世态度，得到了文艺批评家、自然科学家、哲学家和一般读者的共同喜好，可以说是雅俗共赏、意义非凡。

　　这本书中表现出了歌德的世界观和思想方法，他的天才论，他的文艺观，和他对古典主义、浪漫主义的看法和态度，可以说是一个综合思想的体现。在这其间，歌德反复提到的是他对拿破仑、拜伦、莫里哀、贝朗瑞、席勒、吕邦斯等人的欣赏，且多次提及自己的得意之作《浮士德》和《塔索》。

　　而本书中，歌德还展现出了他对中国人和中国文学的好感，令人对这位大文豪莫名有了一份亲近之心。

　　细心阅读这本谈话录，相信会带给你颇多收益。

精彩书摘

　　今后的岁月将会带来什么，我不能预言；但是我恐怕我们不会很快就看到安宁。这个世界上的人生来就是不知足的；大人物们不能不滥用权力，广大群众不能满足于一种不太宽裕的生活状况而静待逐渐改进。如果能把人的本性变得十全十美，生活状况也就会十全十美了。但是照现在这个样子看，总会是摇来摆去，永无休止；一部分人吃苦而另一部分人享乐；自私和妒忌这两个恶魔总会作怪，党派斗争也不会有止境。

　　最合理的办法是每个人都推动他本行的事业，这一行是他生下来就要干而且经过学习的，不要妨碍旁人做他们的分内事。让鞋匠守着他的榔头，农人守着他的犁头。国王要懂得怎样治理国家，这也是一行需要学习的事业，不懂这一行的人就不应该插手。

　　就我自己生平的事业和努力来说，我总是按照保守派的方式行事。我让旁人去嘀咕，自己却干自己认为有益的事。我巡视了我的领域中的事，认清了我的目标。如果我一个人犯了错误，我还可以把它改正过来；如果我和三个或更多的人一起犯了错误，那就不可能纠正，因为人多意见也就多了。

推荐导师

我的这本《歌德谈话录》，定价才0.91元，你们想想年代有多么的久远。这本书原则上来说是一本哲学书，我觉得不管什么专业，哲学思维还是非常重要的，它能够让我们尽量规避一些表层次或者浅层次的东西。爱克曼作为歌德的秘书，相当认真地记录了跟他散步时和茶余饭后歌德非常闪光的东西。

全国工商联副秘书长王忠明

麦田里的守望者

作　者：（美）J.D.塞林格
出版社：译林出版社
出版年：1997年
定　价：7.80元

内容简介

　　《麦田里的守望者》是美国作家杰罗姆·大卫·塞林格唯一的一部长篇小说，但却影响了一个时代甚至好几个时代的青年人。

　　塞林格将故事的起止局限于16岁的中学生霍尔顿·考尔菲德从离开学校到曼哈顿游荡的三天时间内，并借鉴了意识流天马行空的写作方法，充分探索了一个十几岁少年的内心世界。愤怒与焦虑是此书的两大主题，主人公的经历和思想在青少年中引起强烈共鸣，受到读者，特别是大中学生的热烈欢迎。

　　小说在美国热销后，迅速成为红极一时的争议话题，游走在社会禁书和文学经典之间。但是随着时间的流逝，这本书的文学价值、社会文化地位开始凸显，最终得到了社会的广泛认可，蜕变成为青年人假装颓废、迷惘和反主流的装饰品，而成年人也乐意用耍猴的兴趣看着这帮小屁孩的表演。

好吧——所有的文森先生。你一旦经受了所有的文森先生的考验，你就可以学到越来越多的知识——那是说，只要你想学，肯学，有耐心学——你就可以学到一些你最最心爱的知识。其中的一门知识就是，你将发现对人类的行为感到惶惑、恐惧甚至恶心的，你并不是第一个。在这方面你到时一点也不孤独，你知道后一定会觉得兴奋，一定会受到鼓励。历史上有许许多多人都像你现在这样，在道德上和精神上都有过彷徨的时期。幸而，他们中间有几个将自己彷徨的经过记录下来了。你可以向他们学习——只要你愿意。正如你有朝一日如果有什么贡献，别人也可以向你学习。这真是个极奇妙的轮回安排。而且这不是教育。这是历史。这是诗。

学校教育还能给你带来别的好处。你受的这种教育到了一定程度，就会发现自己脑子的尺寸，以及什么对它合适，什么对它不合适。过了一个时期，你就会心里有数，知道像你这样尺寸的头脑应该具有什么类型的思想。主要是，这可以让你节省不少时间，免得你去瞎试一些对你不合适、不贴切的思想。你慢慢就会知道你自己的正确尺寸，恰如其分地把你的头脑武装起来。

《麦田里的守望者》，这也是大学里头读的，当时读的时候还是比较震撼的。主人公家里很有钱，但是不幸福，圣诞节时特别政治正确的气氛应该是大家团聚，吃圣诞晚宴，但是他不愿意回家，在一家特别破的酒店里喝酒，在街上和酒鬼去混，做大家不待见的事。刚到美国，觉得文学得反映正面的东西，这本书太不正面，太多负能量的东西了，通过这本书我们后来发现负能量也是一种能量。

《ILOOK》杂志出版人洪晃

飘

作　者：（美）马格丽特·米切尔
出版社：浙江文艺出版社
出版年：1988年
定　价：12.00元

内容简介

《飘》是美国女作家玛格丽特的成名之作，书写了美国文学史上最为光辉的一页。

小说中的故事发生在1861年美国南北战争前夕。生活在南方的少女郝思嘉从小深受南方文化传统的熏陶，可在她的血液里却流淌着野性的叛逆因素。随着战火的蔓延和生活环境的恶化，郝思嘉的叛逆个性越来越丰满、越鲜明，在一系列的挫折中她改造了自我，改变了个人甚至整个家族的命运，成为新时代中由时势造就的新女性的形象。

作品在描绘人物生活与爱情的同时，勾勒出南北双方在政治、经济、文化各个层次的异同，具有浓厚的史诗风格，堪称美国历史转折时期的真实写照，同时也成为历久不衰的爱情经典。

　　你有没有想到过，我爱你已经达到了一个男人爱一个女人的极点？你有没有想到过，在我得到你之前，我已经爱你了多年？战争期间，我曾多次想远走高飞，把你忘掉，可我总是忘不掉，每次都要再回来。战后，我冒着被捕的危险赶回来，也是为了要找到你。可你却那么匆忙地就嫁给了弗兰克·肯尼迪。我真是嫉妒死了。倘使那次弗兰克没死，我也会把他杀死的。我一直爱着你，可我又不能让你知道。你对那些爱你的人实在是太残酷了，斯嘉丽。你会抓住他们的爱，把它像鞭子一样在他们头上挥舞。

推荐导师

　　《飘》是我16岁时读的。我认为《飘》是美国当代历史上最伟大的一部爱情小说，实际上大家可能以为它是爱情小说，其实它说的随风飘去，指的是美国当时那个时代是一种对传统束缚的抛弃和离开枷锁，让那个时代随风飘去，迎来的都是美国新的精神。这位女作家26岁写的这本书，花了10年时光，36岁写完。里面最有名的一句话是"明天又是新的一天"，这句话在我年轻的时候给了我很多的鼓励。不管我经历了什么样的不开心，反正我睁开眼，明天早晨又是阳光灿烂。当然北京现在没有阳光灿烂，但是还是一天。

　　　　　　　　　　——英仕曼集团中国区主席李亦非

欢 喜

作　者：吴伯凡、梁冬
出版社：中信出版社
出版年：2012年
定　价：35.00元

内容简介

欢喜是一种状态，它是幸福自在的标志，也是充盈人生的基础。人们之所以会痛苦、郁闷、焦虑、沮丧、恐惧，之所以有怨、恨、恼、怒、烦，是因为受困于自己的心；心灵被禁锢，心智模式错误，自然无法发射和接收幸福的信号。

这本书的两位作者各有千秋，吴伯凡博学多识，梁冬机智豁达。他们俩融合东西方智慧，在故事和幽默中明说事理，在轻松写意之中播种心性改变的种子。

用梁冬老师的话说，就是"让我们能快乐地把常识变成哲理，又把哲理变成笑话"。为什么说寻求公正是一种心理疾病？"抱怨"病毒的危害何在？人生为什么要养喜神去杀机？搞好了定位，就能成功吗？非典型性雄辩症患者是如何赢得辩论输掉世界？是什么决定一个人的财商？

其实，每个人的心中都有一扇门，它是生活的另一种可能，是人生的另一幅图景，它通往快乐、幸福、充实、成就，但只有用欢喜才能打开它。

精彩书摘

秋气之所以肃杀，是因为它的刻薄。

关于刻薄，《菜根谭》里说它就是"受人之恩虽深不报"，虽然别人给了他很大帮助，他却不知感恩，报恩；就是"怨则浅亦报之"，即别人有一点点对他不好，他就赶紧要报复。刻薄的人是"闻人之恶虽隐不疑"，听到别人不好的事情，虽然那件事很小、很间接，就抱着宁信其有、不信其无的态度确信他一定是这样的；就是"善则显亦疑之"么，当听到别人好的时候，即使这个好是显而易见的，也还是抱着怀疑的态度。《菜根谭》称上述四种行为是"刻之极，薄之尤"。

推荐导师

这本书《欢喜》，其实说的都是不欢喜的东西。我们在微博上和年轻人交流的时候，发现很多人有一肚子的抱怨，埋怨社会，埋怨不公平。这个书恰恰是把抱怨这种病毒作了一种分析，认为最不应该有的就是抱怨，而通过各种分析告诉你，如果我们都换一种心态的话，也许就能寻找到自己应该走的一条路。

——中国金融博物馆书院理事会主席任志强

古文观止

作　者：（清）吴楚材.吴调侯
出版社：中华书局
出版年：2008年
定　价：20.00元

内容简介

　　《古文观止》是清朝康熙年间选编的一部供学塾使用的文学读本。"观止"一词表示"文集所收录的文章代表文言文的最高水平"，编者以此冠书名表示本书已将古文中的精华选尽了。

　　《古文观止》所选之文上起先秦，下迄明末，大体反映了先秦至明末散文发展的轮廓和主要面貌。其中包括了《左传》34篇、《国语》11篇、《礼记》6篇、《战国策》14篇、韩愈文17篇、王安石文3篇等，共222篇。难能可贵的是，选者以古文为正宗，但也不排斥收录骈文4篇，这在当时是很超前的。而在文章中间或末尾，选者有一些夹批或尾批，对初学者理解文章有一定帮助。体例方面也一改前人按文体分类的习惯，以时代为经，以作家为纬，彰显了编者深厚的编纂功力。

　　有意思的是编者吴楚材、吴调侯不见于任何文献记载，连生平都不为他人所知，可是《古文观止》300年来却流传极广、影响极大，在诸多古文选本中独树一帜，堪称是中国古代"歌红人不红"的典型。

鲁迅先生评价《古文观止》时认为它和《昭明文选》一样，"在文学上的影响，两者都一样的不可轻视"。

精彩书摘

杭有卖果者，善藏柑，涉寒暑不溃，出之烨然，玉质而金色。剖其中，乾若败絮。予怪而问之曰："若所市于人者，将以实笾豆，奉祭祀，供宾客乎？将衒外以惑愚瞽乎？甚矣哉！为欺也！"

卖者笑曰："吾业是有年矣。吾赖是以食吾躯。吾售之，人取之，未闻有言，而独不足子所乎？世之为欺者不寡矣，而独我也乎？吾子未之思也！今夫佩虎符、坐皋比者，洸洸乎干城之具也，果能授孙、吴之略耶？峨大冠、拖长绅者，昂昂乎庙堂之器也，果能建伊、皋之业耶？盗起而不知御，民困而不知救，吏奸而不知禁，法斁而不知理，坐糜廪粟而不知耻。观其坐高堂，骑大马，醉醇醴，而饫肥鲜者，孰不巍巍乎可畏、赫赫乎可象也？又何往而不金玉其外、败絮其中也哉！

今子是之不察，而以察吾柑。"

予默然无应。退而思其言，类东方生滑稽之流。岂其忿世嫉邪者耶？而托于柑以讽耶？

中国改革基金会国民经济研究所副所长王小鲁

道德经

作　者：老子
出版社：安徽人民出版社
出版年：1990
定　价：4.30元

内容简介

《道德经》，是中国历史上首部完整的哲学著作。

本书又称《道德真经》《老子》《五千言》《老子五千文》，是中国古代先秦诸子分家前的著作，为其时诸子所共仰，传说是春秋时期的老子（即李耳，河南鹿邑人）所撰写，是道家哲学思想的重要来源。道德经分上下两篇，原文上篇《德经》、下篇《道经》，不分章，后改为《道经》37章在前，第38章之后为《德经》，并分为81章。

《道德经》在其流传过程中，不断有后人增删、意改，而在其传抄刊印过程中又有错置等情况发生，从而形成了老子道德经一书极其复杂的版本问题。我们今天所能见到的最早的《道德经》版本，是在湖北荆门郭店楚墓中出土的战国竹简本。

道可道，非常道。名可名，非常名。无名天地之始。有名万物之母。故常无欲以观其妙。常有欲以观其徼。此两者同出而异名，同谓之玄。玄之又玄，众妙之门。

道生一。一生二。二生三。三生万物。万物负阴而抱阳，冲气以为和。人之所恶，唯孤、寡不谷，而王公以为称，故物或损之而益，或益之而损。人之所教，我亦教之，强梁者，不得其死。吾将以为教父。

治大国若烹小鲜。以道莅天下，其鬼不神。非其鬼不神，其神不伤人。非其神不伤人，圣人亦不伤人。夫两不相伤，故德交归焉。

推荐导师

《道德经》这本书我是挑着一句一句的看，绝大部分的书我都看不下去，这本书我更啃不下去。但也不是看不懂，还是能看得懂几句，有时候这几句让我想很多天。我自己觉得《道德经》这本书里面很多东西对我一生还是有影响的。如果你要做职业经理人，最好研究一下儒家思想。如果你要做领导者，出奇制胜，读《道德经》。如果你要学会做人，佛家挺好的。这三个我都挺感兴趣，人家问我你喜欢《道德经》，你是不是喜欢道家，其实道家、佛家、儒家、基督教我都喜欢，我觉得人家都比我聪明，谁都不能得罪，哪个都很厉害。这本书我包里有，让别人看起来自己有点文化的样子。里面有几个句子我记不清，但是我觉得有几个句子挺好的。

得失和感悟，我自己觉得我越来越看明白，我们这一切都不是我们的。马云今天得到的一切都不是我的。从宗教来讲，人生有多少福，有多少钱，有多少运气，都是有一个莫名其妙的度。我们已经超越了绝大部分人获得的幸运，如果你还希望再有点幸运，按照《道德经》的说法是阴阳要变换，想办法把这个福气给别人一些。本来就不是你的，你以为是你的，你麻烦就来了。

阿里巴巴集团董事局主席马云

乡关何处

作　者：野夫
出版社：中信出版社
出版年：2012年
定　价：32.00元

内容简介

"日暮乡关何处是，烟波江上使人愁。"

土家野夫的文字总是带着淡淡的忧愁，但又像秋日清晨不散的薄雾，似乎随处可见，伸出手来却又是一场空，那种情绪和感受好像就在自己的指尖掠过，从自己的掌中散去，但是那份情愁却深深植入自己的心底。

野夫用他自己的眼睛记下了一首首尘世中的挽歌，这里有母亲失踪十年祭，有悼亡友如波兄，有畸人刘镇西，有烈士王七婆……这些在他生命中无比重要的人或事，共同构成了野夫对故乡、故人和故事的怀念，也带我们走回了那个依稀遥远的年代。

千回百转，长歌当哭。

命运从来都是不由自主的，况乎身在江湖。

那些失散的亲友故人，那些不忍直视的人间故事，都在暗夜里鞭策着人们几近麻木的神经。

精彩书摘

　　许多年过去了，我还是会从一些异乡残梦中哭醒，我又看见了婆婆或者父母。梦破之际，泪干之余，总不免幻想，假设在人间之外真有一个阴间，那该多好啊。在这个世间走失的亲人，还能在另一个世界重逢，那死亡就变得毫不恐怖了。那些爱过你的人，只不过是在下一站等你，等你赶去时，还能和他们相聚一家，彼此再次开始生活；你在此间欠下的情，正好在彼处补偿，那一切都能得到救赎，该是一个怎样美好的情景。即使还要重新经历贫穷、苦难、迫害和伤痛，但仍然有那些至亲和你一起，生生世世，不弃不离，那还有什么不能面对呢？

　　但死亡又确实如同一张有去无回的单程车票，没有人真能告诉我彼岸的消息。那些先我而去的亲友都像失信的人，他们饮过忘川之水后，或者都已经记不得我们这些被落下的孩子，使得偶尔的托梦也变得那么难以置信。这个世界有无数种宗教教导我们怎样去认识死亡，如果没有一种给我承诺我还有机会与我的亲友劫后重逢，那它即使许给我一切功名利禄，于我又有何用？

　　许多见过我外婆的人，偶尔见到我还会感叹好人啊。可是好人却无好命，这几乎已经是这个世界的潜规则。这些好人来到这个世界，就是来承担磨难的；他们像一粒糖抛进大海，永远无法改变那深重的苦涩，也许只有经过的鱼才会知道那一丝稀有的甜蜜。

推荐导师

　　《乡关何处》，我估计很多书友都已经看过这本书了，这是土家野夫以回忆录为主的杂文集，文笔非常好。我看过很多读过这本书的人发表的感想，都被这本书打动了。我希望你们通过这本书和野夫接近。野夫我认为是一个很值得关注的人，我期待着，也相信他以后还会有更好的作品问世。他和另外一个我很喜欢的正在崛起的年轻作家阿野，都有一段共同的经历，都有过当警察的经历。阿野在一个基层单位当过一段时间的警察，可能这个职业使他们能够直面很多很残酷、很血腥的事情。

中国金融博物馆书院学术委员会主席衣锡群

大设计

作　者：（英）斯蒂芬·霍金、
　　　　列纳德·蒙洛迪诺
出版社：湖南科学技术出版社
出版年：2011年
定　价：48.00元

内容简介

　　宇宙的起源一直是科学家们探索和争论的重要课题，由于长期的深入研究却没有找到一个可信的结论，于是部分学者转而将其神话，以期说服自己。但是个性洋溢的斯蒂芬·霍金却不愿走寻常路，他又一次向传统的宗教信仰发起了正面的挑战，直接反驳了艾萨克·牛顿爵士的信仰，提出"宇宙不是上帝创造的"，创造当下这一世界的其实另有其人。这一说法就记载在他的惊世巨作《大设计》之中。

　　早在1988年，著名科学家斯蒂芬·霍金就推出了自己的代表作《时间简史》，彻底改变了人类对于理论物理与宇宙学的认识和了解。霍金又推出了《大设计》一书，记录下了这些年来他自己对宇宙和统一理论的许多新思考。值得一提的是，本书虽然号称是一本宇宙探索指南，但是行文简洁、图文并茂，并不会增加普通读者的阅读难度。

精彩书摘

在科幻影片《黑客帝国》(Matrix)中发生了不同类型的另外实在。影片中的人类不知不觉地生活在由智慧电脑制造的模拟实在之中，当电脑将他们的生物电能(不管为何物)吸吮时，使他们保持平静而满意。这也许没那么牵强，因为许多人宁愿在网络的虚拟实在中消磨时日，例如"第二人生"。

我们何以得知，我们不仅是一部电脑制作的肥皂剧中的角色呢？如果我们生活在合成虚世界中，事件就不必具有任何逻辑或一致性或服从任何定律。进行操控的外星人也许在看到我们反应时会觉得更有趣更开心，例如如果满月分开两半，或者在这世界上每个节食的人显示对香蕉奶油饼的毫不节制的渴望。但是如果外星人实施一致的定律，我们就无法得知在这模拟的实在背后还有另一个实在。

将外星人生活的世界称作"真的"，而把合成世界当作"假的"是很容易的事情。但是如果——正如我们这样——在模拟世界中的生物不能从外面注视到他们的宇宙之中，他们就没有理由怀疑他们自己的实在图像。这是我们都是他人梦中的想象物的观念的现代版本。

推荐导师

《大设计》是霍金继《时间简史》后出版的另一本巨作，和他上一本著作相隔十年，大家应该抽出一点时间去看这本书。很多书店把它摆在科普读物类，但是我觉得它应该属于哲学社会科学门类。我觉得这是一本很重要的书，记录了最近十年在理论物理学、宇宙发生学以及量子宇宙学方面的一些发现，实际上这些发现已经颠覆了我们对一些终极问题过去做的结论。按照霍金的说法，他认为哲学的唯心主义、唯物主义都是有问题的，他认为整个大设计里面没有造物主，也没有宗教的位置。

中国金融博物馆书院学术委员会主席衣锡群

后　记

　　我们很高兴能有读书会这样一个和阅读导师、书友交流的平台。在这里，阅读导师无保留地分享他们的阅读体验，追忆那些阅读背后的故事；书友风尘仆仆地赶来，悉心倾听，积极参与。正是有了阅读导师、书友的温暖助力，我们的读书会才能越办越红火。

　　然而，囿于场地的局限，每次读书会我们都不得不抽签决定能到现场参与的书友名单，于是就有了"读书会中签率比北京购车摇号都低"的感叹。

　　为了让更多的书友不错过阅读导师推荐的精彩好书，体会到阅读的乐趣，不用"拼人品"就能感受读书会的热烈气氛，我们从阅读导师推荐的400余本图书中精心撷选了100本图书，按照金钱、权利、历史、艺术的门类结集出版，希冀让更多的爱书之人从中受益！

　　最后，对无私分享的书院阅读导师、以各种形式热情参与读书会的书友、出版了这些优秀图书的出版机构致以最衷心的感谢！

中国金融博物馆书院

2014年3月

图书在版编目(CIP)数据

阅读丰富人生/中国金融博物馆书院编著.—北京:首都经济贸易大学出版社,2014.5

ISBN 978 – 7 – 5638 – 2204 – 1

Ⅰ.①阅⋯　Ⅱ.①中⋯　Ⅲ.①推荐书目—世界　Ⅳ.①Z835

中国版本图书馆 CIP 数据核字(2014)第 033435 号

阅读丰富人生
中国金融博物馆书院　编著

出版发行　首都经济贸易大学出版社
地　　址　北京市朝阳区红庙(邮编100026)
电　　话　(010)65976483　65065761　65071505(传真)
网　　址　http://www.sjmcb.com
E – mail　publish@cueb.edu.cn
经　　销　全国新华书店
照　　排　首都经济贸易大学出版社激光照排服务部
印　　刷　北京泰锐印刷有限公司
开　　本　710 毫米×1000 毫米　1/16
字　　数　338 千字
印　　张　19.25
版　　次　2014 年 5 月第 1 版　2014 年 5 月第 1 次印刷
书　　号　ISBN 978 – 7 – 5638 – 2204 – 1/Z·4
定　　价　39.00 元